Hundertwasser

フンデルトヴァッサー

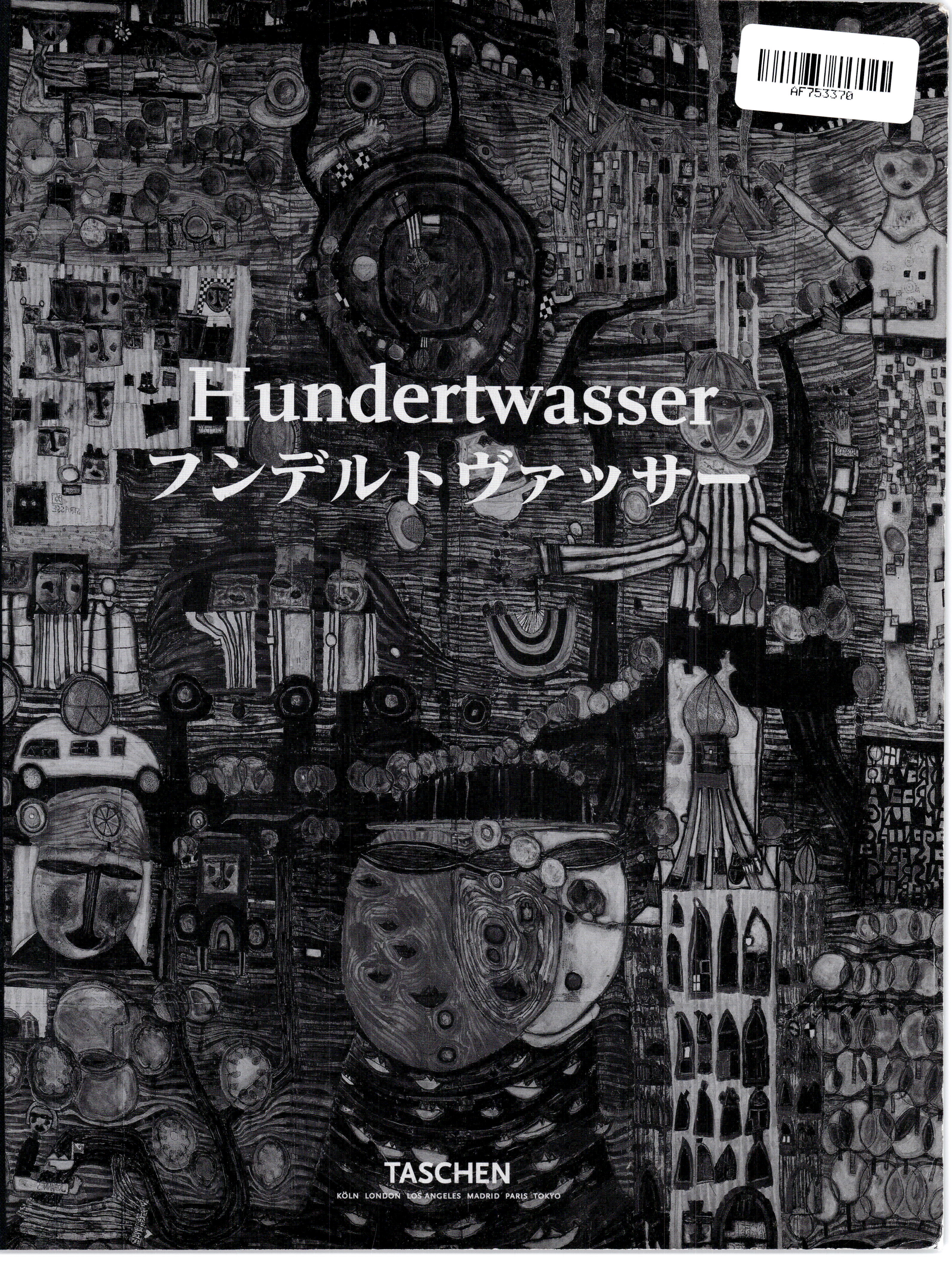

TASCHEN
KÖLN LONDON LOS ANGELES MADRID PARIS TOKYO

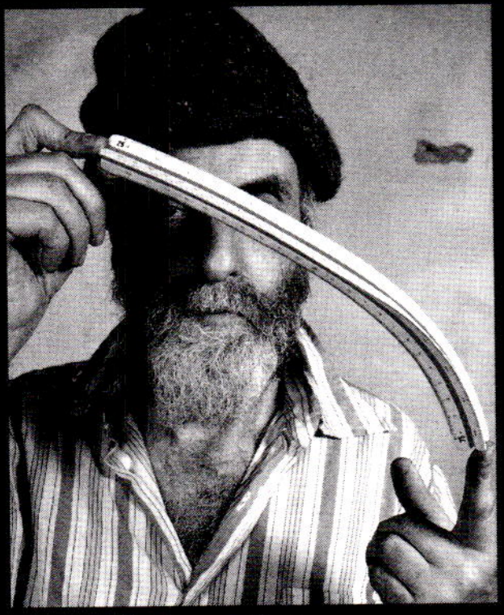
Photo: Gerhard Krömer

Friedensreich Hundertwasser (1928–2000)

Our epoch has found in the *painter-king* the most formidable accuser of totalitarian thinking, from nuclear energy to the organization of our living environment. He lives up totally to his way of seeing things, against the contradictions of our post-industrial society. His trump card is his art, the creator of beauty: of natural harmony, peace and joy. The extra-lucid power of his analytical sensitivity makes him the perfect decoder of global culture and its guided information. He reveals the prodigious quality resources of naturist empiricism against the abusive uniformity of rationalist totalitarianism, against the tyranny of ugliness and the iron rule of its straight line. It is all inscribed in his painting, which is the revelation of sensitivity, the open book of destiny; it translates intuition into images, and those images inspire the major orientations of his thinking and action. When concretized moreover, those orientations fit perfectly into the practical norms of his aesthetic. Based on the empirical, artisan and organic intelligence of man–nature relations, his project for society is a cry of hope in beauty, a sine qua non condition for human development.
Excerpt from: Pierre Restany, *Hundertwasser, The Power of Art – The Painter-King with the five skins*, Cologne, 1998, p. 94

Unsere Epoche hat in diesem *Maler-König* den imponierendsten Herausforderer des totalitären Denkens gefunden, ob es nun um die Kernenergie, die Genmanipulation, den Umweltschutz oder die Gestaltung unseres Lebensraums geht. Er lebt völlig im Einklang mit seiner Sicht der Dinge und in Gegnerschaft zu den Widersprüchen der postindustriellen Gesellschaft. Seine Trumpfkarte ist seine Kunst, die Schönheit hervorbringt: eine Botschaft der natürlichen Harmonie, des Friedens, der Freude. Die hell leuchtende Kraft seiner analytischen Sensibilität macht ihn zum idealen Deuter der globalen Kultur samt ihres gelenkten Informationsflusses. Er zeigt die vielfältigen wertvollen Ressourcen eines naturverbundenen Empirismus auf, der im Gegensatz steht zur schädlichen Uniformität des rationalistischen Totalitarismus, zur Tyrannei der Häßlichkeit, die im Zeichen der geraden Linie regiert. [...] Alles ist in seiner Malerei vorgeprägt, die die Offenbarung der Sensibilität, das offene Buch seiner Bestimmung ist; in ihr wird Eingebung in Bilder umgesetzt, und diese Bilder sind die Inspiration der Hauptrichtungen seines Denkens und Handelns. In konkretisierter Form stimmen diese Richtungen zudem vollkommen mit den praktischen Normen seiner Ästhetik überein. Aufgebaut auf der empirischen, handwerklichen und organischen Intelligenz der Beziehung Mensch – Natur, ist sein Gesellschaftsentwurf ein hoffnungsvoller Appell, der von der Schönheit ausgeht, eine conditio sine qua non für die menschliche Entwicklung.
Auszug aus: Pierre Restany, *Hundertwasser, Die Macht der Kunst – Der Maler-König mit den fünf Häuten*, Köln 1998, S. 94

Notre époque a trouvé dans le *peintre-roi* le plus formidable accusateur de la pensée totalitaire, de l'énergie nucléaire aux manipulations génétiques, de la protection de l'environnement à la mise en place du cadre de vie. Il assume l'intégralité de sa manière de voir face aux contradictions de notre société post-industrielle. Son atout est son art, créateur de beauté : harmonie naturelle, paix, bonheur. Par le pouvoir extra-lucide de sa sensibilité analytique, il se présente comme le parfait décodeur de la culture globale et de son information dirigée. Il nous révèle les prodigieuses ressources qualitatives de l'empirisme naturiste face à l'abusive uniformité du totalitarisme rationaliste, face à la tyrannie de la laideur qui s'exerce sous le signe de la ligne droite. Tout est inscrit dans sa peinture, qui est le révélateur de la sensibilité, le livre ouvert du destin : elle traduit l'intuition en images et ces images inspirent les orientations majeures de la pensée et de l'action. Ces orientations, quand elles se concrétisent dans les faits, s'inscrivent parfaitement dans les normes opérationnelles de son esthétique : basé sur l'intelligence empirique, artisanale et organique du rapport homme-nature, son projet de société est un cri d'espoir dans la beauté condition sine qua non du devenir humain.
Extrait de: Pierre Restany, *Hundertwasser, Le pouvoir de l'art – Le peintre-roi aux cinq peaux*, Cologne 1998, p. 94

Nuestra época ha encontrado en el *pintor-rey* al mayor desafiador del pensamiento totalitario, ya se trate de la energía nuclear, las manipulaciones genéticas, la protección al medio ambiente o la configuración de nuestro espacio vital. Vive en una armonía íntegra con su concepción vital y en total enemistad con las contradicciones de nuestra sociedad post-industrial. Su triunfo está en su arte, creador de belleza: armonía natural, paz, felicidad. Por el poder lúcido de su sensibilidad analítica, es quien mejor puede interpretar la cultura mundial y la información que ésta dirige. Nos revela los prodigiosos recursos cualitativos del empirismo naturista, frente a la uniformidad abusiva del totalitarismo racionalista y frente a la tiranía de la fealdad que se ejerce en nombre de la línea recta. Todo se concentra en su pintura, que revela su sensibilidad, el libro abierto de su destino. Su pintura traduce la intuición en imágenes y estas imágenes inspiran las orientaciones fundamentales de su pensamiento y su acción. Estas orientaciones, cuando se convierten en hechos, se encuadran perfectamente en las reglas operativas de su estética. Su proyecto de sociedad, basado en la inteligencia empírica, artesanal y orgánica de la relación hombre-naturaleza, es un grito de esperanza en la belleza, conditio sine qua non del progreso humano.
Extracto de: Pierre Restany, *Hundertwasser, El poder del arte – El pintor-rey con sus cinco pieles*, Colonia 1998, pág. 94

我々の新時代は『画家王』の中にある。そこには、原子力エネルギーから生活環境組織まで、全体主義者としての考えを持った、もっとも手ごわい告発人の姿が描かれている。彼は完璧なまでに独自なものの見方を持って行動し、大規模産業支配後の社会が抱える矛盾と戦っていた。彼は美の創造者であり、切り札は芸術である。自然との調和、平和と喜びがすべてである。分析的思考に長けた感性の光り輝くパワーを用いて、フンデルトヴァッサーはグローバルな文化とそこから導かれる情報の完璧な翻訳者となった。彼は、合理主義にのっとった全体主義の腐敗した画一性、つまり、直線の鉄則と醜悪さが含む抑圧的な力と戦うために、自然崇拝的経験主義に基づいたすばらしい才能を大いに発揮したのである。
すべては彼の絵の中に刻まれている。そこには感性の啓示があり、容易に理解しえる運命がある。すなわち感性が直感をイメージに翻訳し、そのイメージが彼の思想と行動に主だった方向性を与えているのだ。さらにイメージが明確になったとき、これらの方向性は彼の美意識に沿った実際の規範と完全なる一致を見るようになる。経験主義者で、腕のいい職人で、自然に関してはもって生まれた知性の人であるフンデルトヴァッサーに基礎をおく社会的プロジェクトは、美の中に希望を求めており、人類の発展になくてはならないものとなっているのである。
抜粋：ピエール・レスタニー著『フンデルトヴァッサー……5枚の皮膚を持った画家王』(ケルン、1998年、94ページ)

Hohenzollernring 53, D–50672 Köln
www.taschen.com

Cover: (936) DAS 30 TAGE BILD, 1994

Printed in Hong Kong
ISBN 3-8228-1425-3

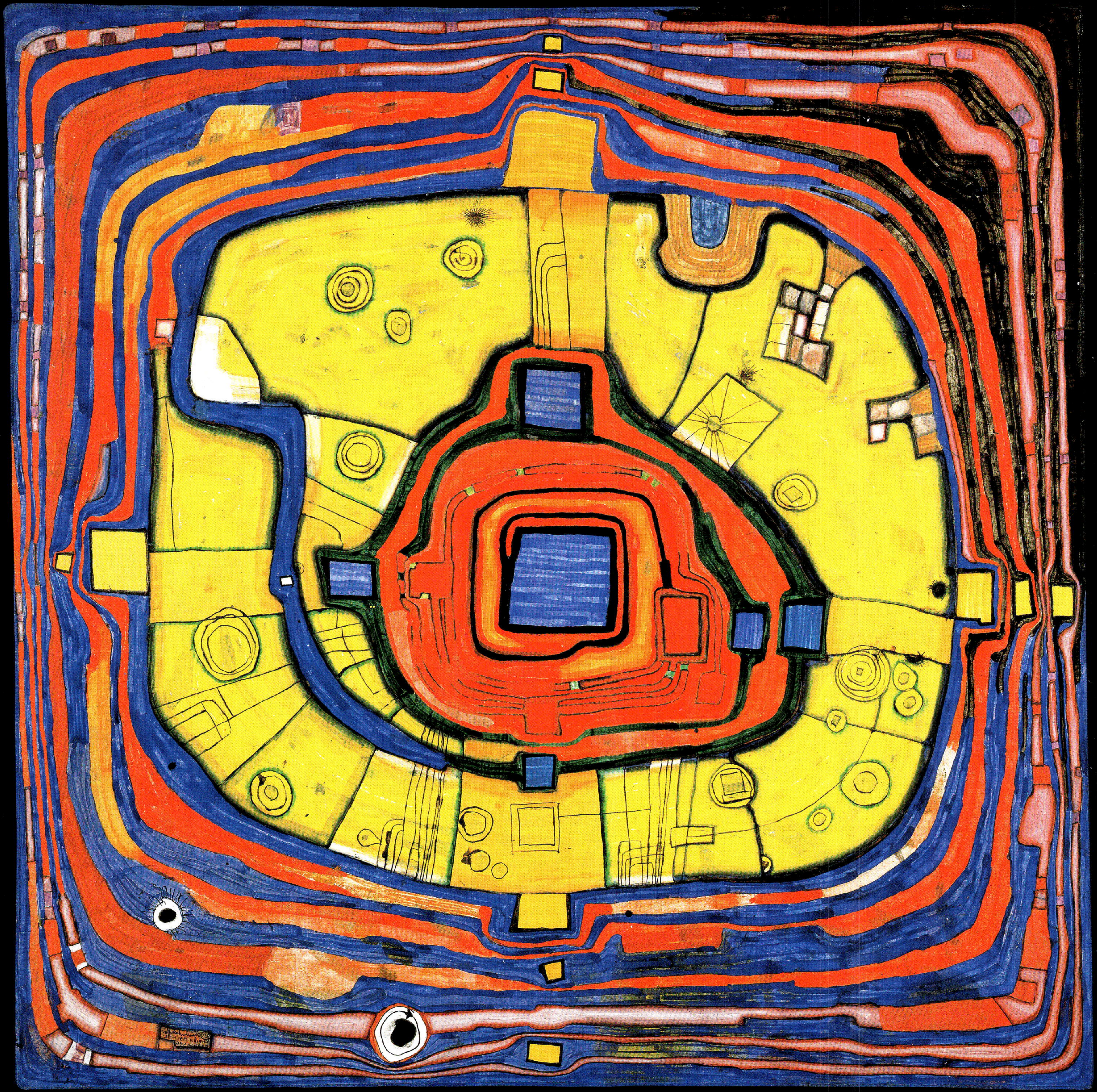

Hundertwasser

(931) THE SMALL WAY

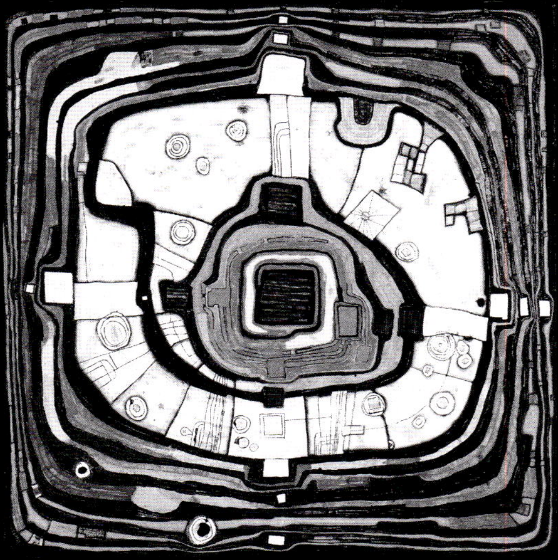

Hundertwasser
(931) THE SMALL WAY
DER KLEINE WEG
LE PETIT CHEMIN
EL PEQUEÑO CAMINO
小さな道
Kaurinui, 1991

130 x 125 cm. Mixed media.
KunstHausWien, Vienna

"Klimt and Schiele had a predilection for square proportions. As a pendant to (224) *The big way*, an imagined return to one's old home: all ways, all turns, all colours are familiar."

„Klimt und Schiele schätzten das quadratische Mass. Als Pendant zu (224) *Der große Weg*, gedachte Rückkehr in eine alte Heimat: Alle Wege, alle Windungen, alle Farben sind vertraut."

« Klimt et Schiele aimaient les proportions carrées. Retour au pays conçu comme le pendant de (224) *Le grand chemin* : les chemins, les tournants et les couleurs, tout est familier. »

«Klimt y Schiele estimaban mucho el cuadrado como medida. Haciendo *pendant* con (224) *El grande camino*, una vuelta a la vieja patria: todos los caminos, todas las sinuosidades, todos los colores nos son familiares».

「クリムトとシーレは正方形の空間を高く評価していた。

(224)『大きな道』と対をなしている作品で、懐かしの我が家への帰り道をしのんでみた。

すべての道、すべての角、すべての色が見慣れたものだ」

HUNDERTWASSER

Hohenzollernring 53, D–50672 Köln
www.taschen.com

Gruener Janura AG, Glarus
www.hundertwasser.com

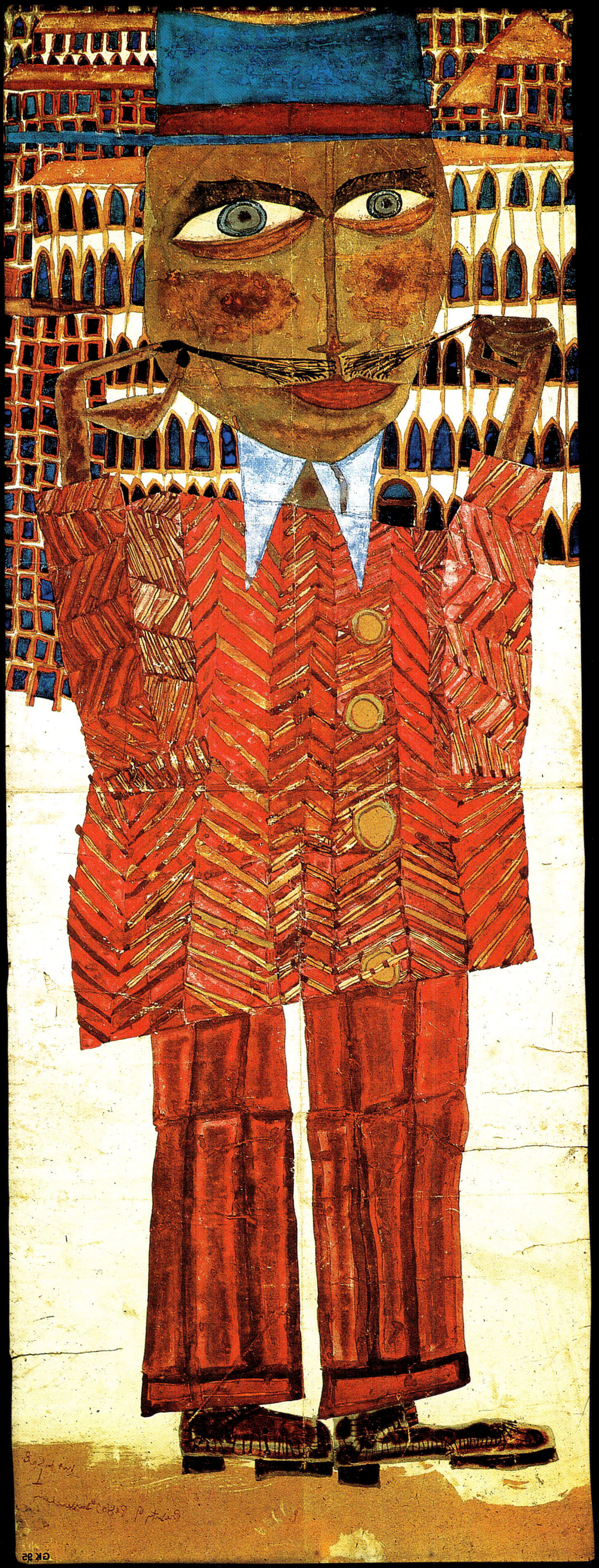

Hundertwasser

131 EUROPÄER DER SICH SEINEN SCHNURBART HÄLT

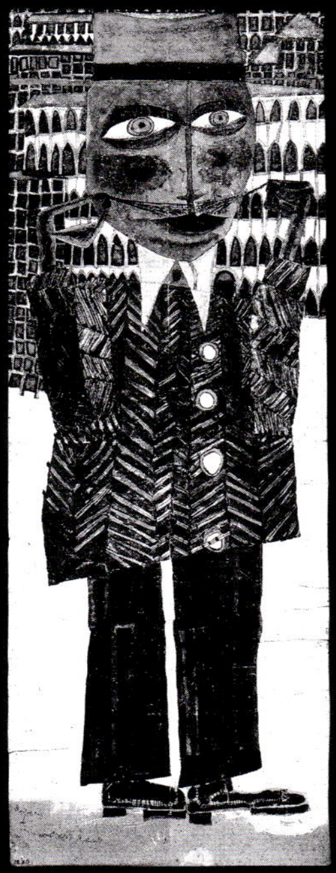

Hundertwasser
131 EUROPÄER DER SICH SEINEN SCHNURBART HÄLT
EUROPEAN TWIRLING HIS MOUSTACHE
EUROPEEN QUI TIENT SA MOUSTACHE
EUROPEO ATUSÁNDOSE EL BIGOTE
口髭をひねるヨーロッパ人
Bürgeralm hut, Aflenz, 1951

128 x 46 cm. Watercolour.
Private collection

"At the beginning of my career I was still under Klee's influence. [...] At the time I was painting very much after nature. The picture is a homage to Africa and Europe. There are Gothic windows – and just the same the colours are oriental. In the title the German word *Schnurrbart* (moustache) is intentionally spelled with only one 'r'."

„Zu Beginn meiner Laufbahn war ich noch von Klee beeinflußt. [...] Ich habe damals sehr naturähnlich gemalt. Das Bild ist eine Hommage an Afrika und Europa. Es gibt gotische Fenster – und trotzdem ist die Farbigkeit orientalisch. Im Titel hat das Wort Schnurrbart mit Absicht nur ein ‚r'."

« Au début de ma carrière, j'étais encore influencé par Klee. [...] Ce que je peignais alors était très fidèle à la nature. Le tableau est un hommage à l'Afrique et à l'Europe. Il y a des fenêtres gothiques – et cependant les couleurs sont orientales. C'est exprès que dans le titre le mot *Schnurrbart* (moustache) ne comporte qu'un ‹r›.»

«Al comienzo de mi carrera estaba aún influido por Klee [...] En aquèl entonces pintaba de modo muy similar a la naturaleza. Este cuadro es un homenaje a África y Europa. Hay ventanas góticas y a pesar de todo el colorido es oriental. En el título original alemán, la palabra *Schnurrbart* (bigote) aparece escrita deliberadamente con una sola ‹r›».

「この仕事を始めた当時、私はクレーの影響下にあった。(・・・)あの頃は自然ばかりを描いていた。
この絵は、アフリカとヨーロッパへのオマージュだ。ゴシック様式の窓があって――それに色も同じように
オリエンタルにした。ドイツ語の作品名にあるSchnurrbart(口髭)は、直感で"r"をひとつにしてみたんだ」

HUNDERTWASSER (from/aus/de/de/出典: Hundertwasser, Buchheim Verlag, Feldafing, 1964, S. 42)

Hohenzollernring 53, D–50672 Köln
www.taschen.com

Gruener Janura AG, Glarus
www.hundertwasser.com

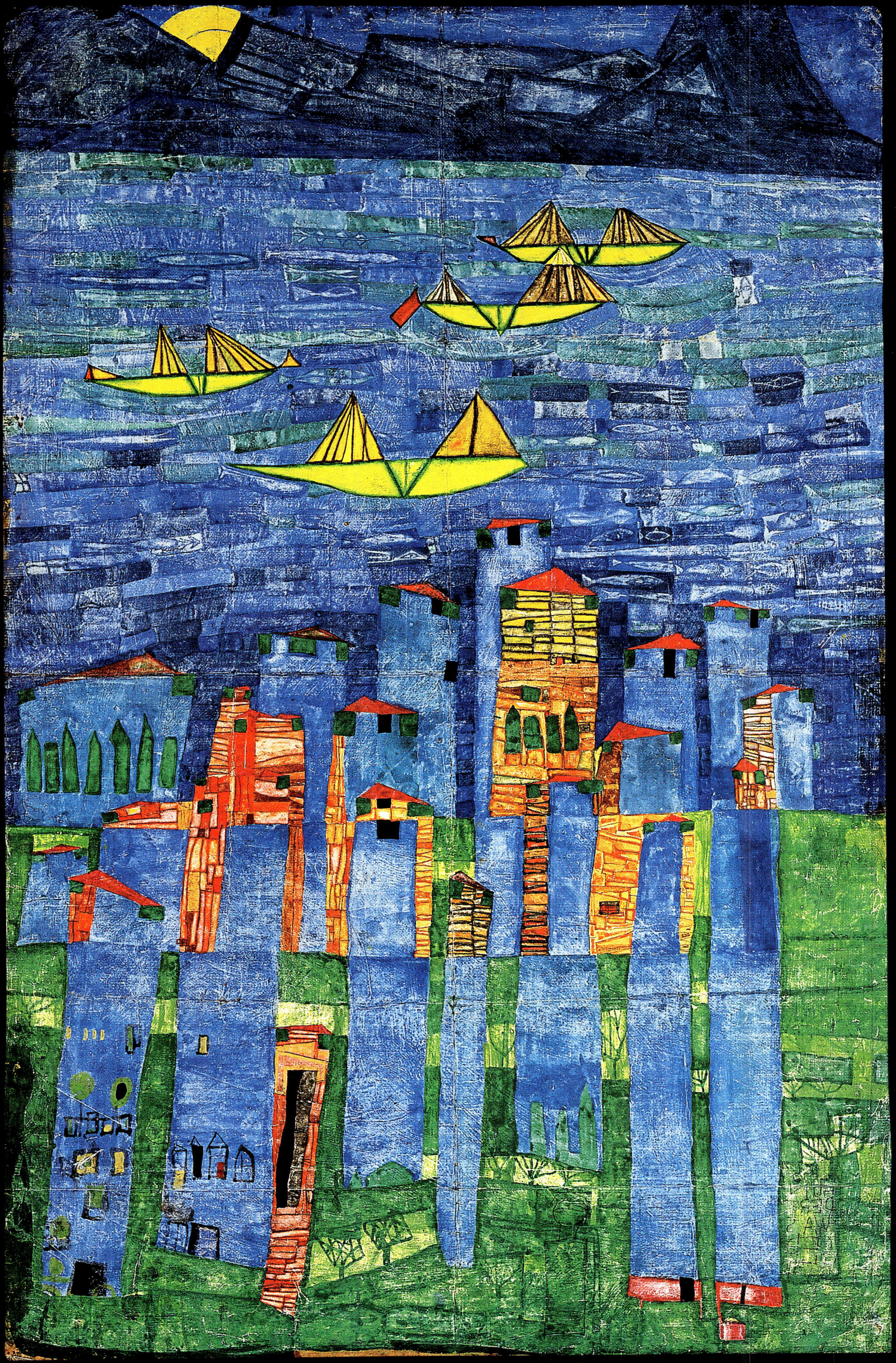

Hundertwasser
117 GELBE SCHIFFE – DAS MEER VON TUNIS UND TAORMINA

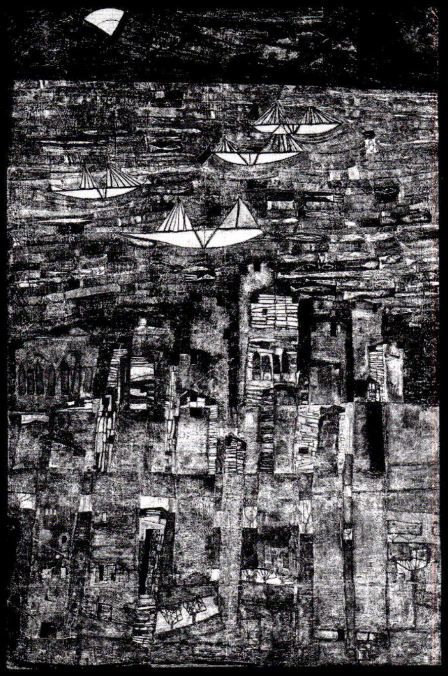

Hundertwasser

(117) GELBE SCHIFFE – DAS MEER VON TUNIS UND TAORMINA

YELLOW SHIPS – SEA OF TUNIS AND TAORMINA

LES NAVIRES JAUNES – LA MER DE TUNIS ET DE TAORMINE

BARCOS AMARILLOS: EL MAR DE TÚNEZ Y TAORMINA

黄色い船——チュニスとタオルミーナの海

Tunis – Taormina, 1951

99 x 64 cm. Watercolour.
Private collection

“The houses are partly Arab-Tunisian blue, partly Sicilian-European of red-fired brick. Like all watercolours I did while travelling, this one was also folded twice, so each time I painted I could only see a quarter of the painting.”

„Die Häuser sind teils arabisch-tunesisch blau, teils sizilianisch-europäisch aus rotgebrannten Ziegeln. Wie alle auf Reisen entstandenen Aquarelle war auch dieses doppelt gefaltet, so dass ich jedesmal beim Malen nur ein Viertel des Bildes überblickte.“

« Les maisons sont soit d’un bleu arabo-tunésien, soit en briques rouges cuites sicilo-européennes. Comme toutes celles que j’ai peintes pendant mes voyages, cette aquarelle était pliée en quatre, de sorte qu’en la peignant je ne saisissais à chaque fois qu’un quart du tableau. »

«Las casas son, en parte, azul árabe-tunecino, en parte sicilianas-europeas, de ladrillo rojo. Como todas las acuarelas realizadas de viaje, también esta estaba doblada dos veces, por lo que al pintar solo veía una cuarta parte del cuadro».

「家々には、アラブ系チュニジアの青と、シシリア系ヨーロッパの赤く燃える煉瓦色を使った。

旅行中に描いた水彩画が全部そうだったが、これも二度ほど折りたたんでから描いたもので、

実際に描いているときに見ていたのは、全体の4分の1だけだ」

HUNDERTWASSER

Hohenzollernring 53, D–50672 Köln
www.taschen.com

Gruener Janura AG, Glarus
www.hundertwasser.com

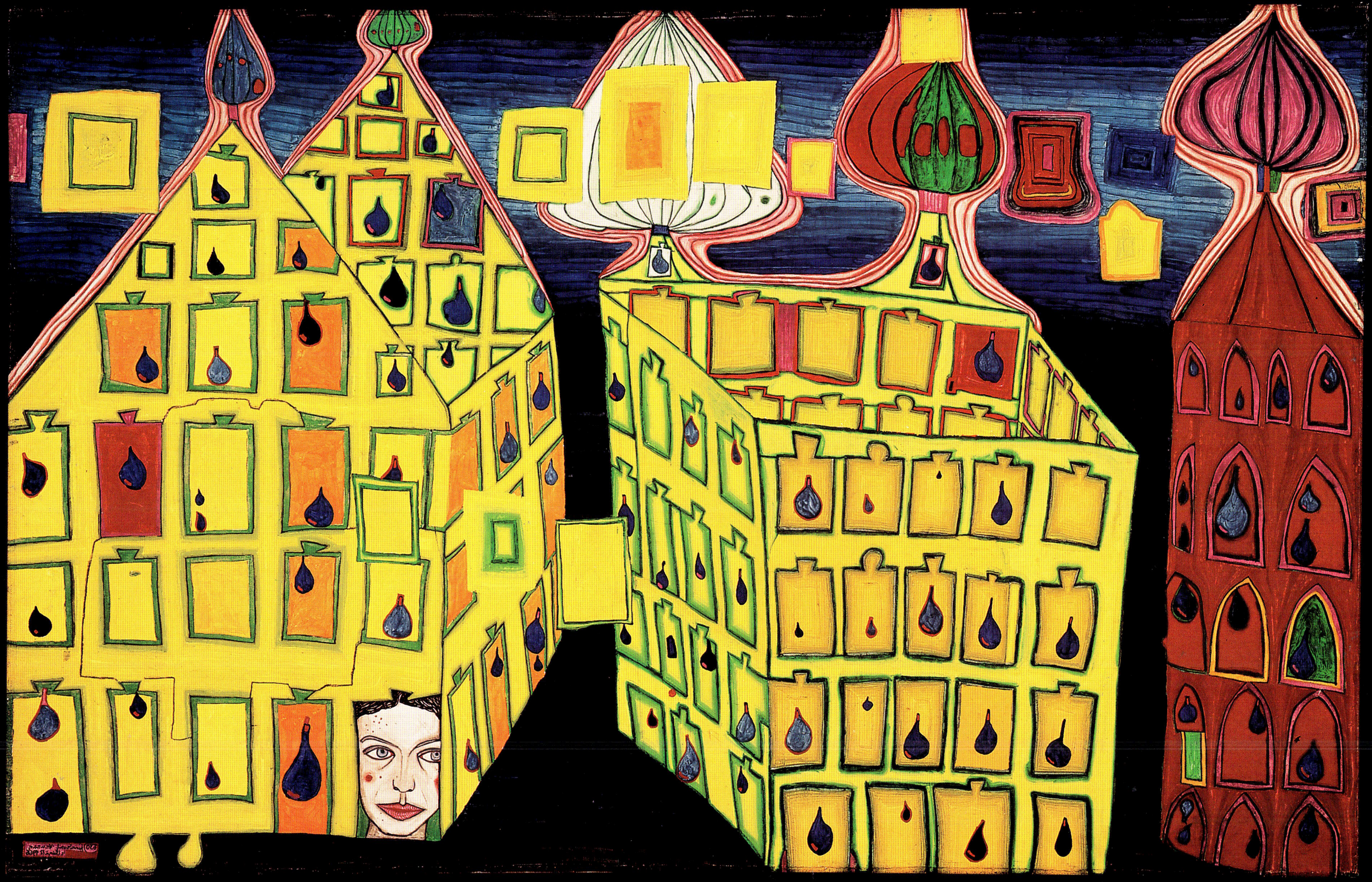

Hundertwasser

(630) GELBE HÄUSER – MIT DER LIEBE WARTEN TUT WEH, WENN DIE LIEBE WOANDERS IST – EIFERSUCHT

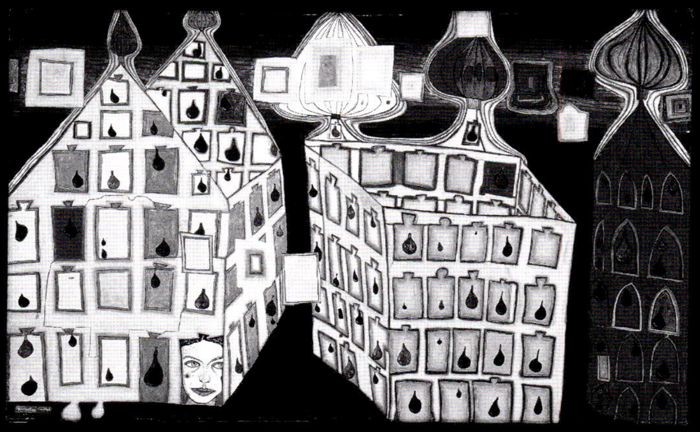

Hundertwasser

(630) GELBE HÄUSER – MIT DER LIEBE WARTEN TUT WEH, WENN DIE LIEBE WOANDERS IST – EIFERSUCHT

YELLOW HOUSES – IT HURTS TO WAIT WITH LOVE IF LOVE IS SOMEWHERE ELSE

MAISONS JAUNES – JALOUSIE

CASAS AMARILLAS: CELOS

黄色い家――愛がどこかほかにあるのに、愛とともに待つのはつらい――嫉妬

Venice, 1966

80 x 130 cm. Mixed media.

KunstHausWien, Vienna

"When you mix architecture with love, you get box houses-of-cards with yellow hot-water-bottle windows. In every window a blue tear. The red tower is located at Vienna's West Train Station."

„Architektur und Liebe miteinander mischen gibt Schachtelkartenhäuser mit gelben Wärmeflaschenfenstern. In jedem Fenster eine blaue Träne. Der rote Turm steht am Westbahnhof in Wien."

« Le mélange architecture-amour donne des châteaux de cartes boîtes avec des fenêtres bouillottes jaunes. Dans chaque fenêtre une larme bleue. La tour rouge se trouve à la gare de l'Ouest à Vienne. »

«Mezclando la arquitectura y el amor se tiene casas de cajas de naipes con ventanas amarillas con bolsas de agua caliente. En cada ventana, una lágrima azul. La torre roja se encuentra junto a la Estación del Oeste de Viena».

「建築に愛をこめると、黄色い湯たんぽの窓があるトランプの家になる。

それぞれの窓には青い涙がひとつ。赤い塔はウィーンの西駅に建っている」

HUNDERTWASSER

Hohenzollernring 53, D–50672 Köln
www.taschen.com

Gruener Janura AG, Glarus
www.hundertwasser.com

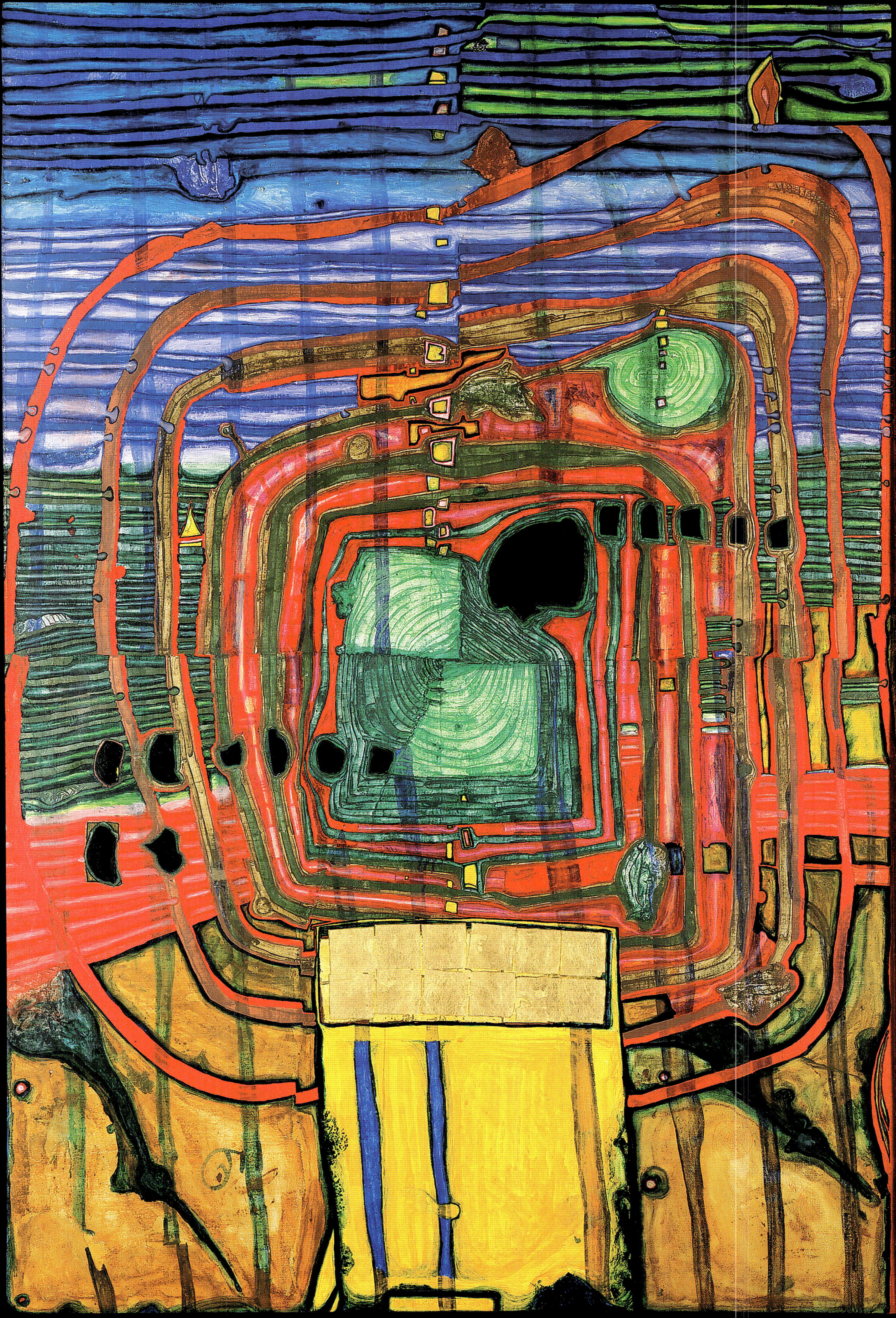

Hundertwasser
 HOMMAGE AU TACHISME

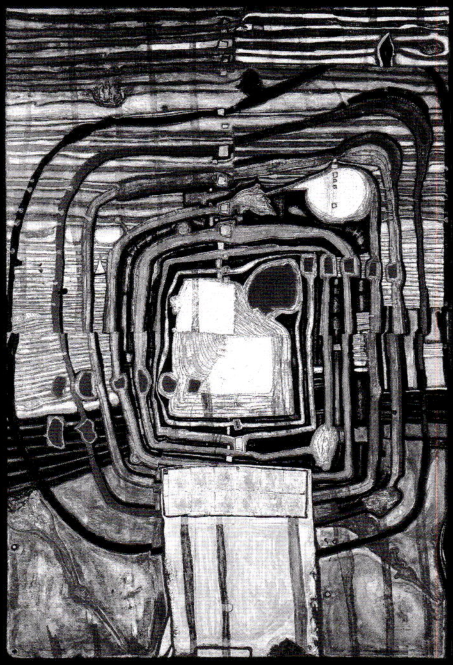

Hundertwasser
(460) HOMMAGE AU TACHISME
タシスムへのオマージュ

La Picaudière, 1961

195 x 130 cm. Mixed media.
KunstHausWien, Vienna

"To me the most honest form of Tachism was total self-renunciation: if a painter climbs up a ladder with a bucket of paint and shoots himself up there, letting the paint fall 'automatically' onto the canvas waiting on the floor, that is the most sublime act of Tachistic self-renunciation."

„Für mich war der ehrlichste Tachismus die totale Selbstaufgabe. Wenn ein Maler mit einem Kübel Farbe auf eine Leiter steigt, sich oben erschiesst, und die Farbe fällt ‚automatisch' auf die am Boden vorbereitete Leinwand, so ist dies der sublimste Akt der tachistischen Selbstaufgabe."

« Pour moi, le tachisme le plus sincère était le renoncement total à soi-même. Quand un peintre monte sur une échelle avec un seau de couleur, se tue d'un coup de feu et que la peinture tombe ‹automatiquement› sur la toile posée par terre, c'est l'acte le plus sublime du renoncement à soi tachiste. »

«Para mí, el Tachismo más sincero era el sacrificio de uno mismo. Si un pintor se sube con un bote de pintura a una escalera, se pega un tiro allá arriba y la pintura se cae ‹automáticamente› sobre el lienzo extendido en el suelo, eso es el acto más sublime del sacrificio tachista de uno mismo».

「私にとってタシスムのほんとうの形は完全なる自己放棄だ。画家がバケツに入った絵の具を持って

梯子の上までのぼり、そこで自分を銃で撃つと、床に用意したカンヴァスに"自動的に"絵の具が落ちていく。

それが、タシスム的自己放棄の究極にある行為だ」

HUNDERTWASSER

Hohenzollernring 53, D–50672 Köln
www.taschen.com

Gruener Janura AG, Glarus
www.hundertwasser.com

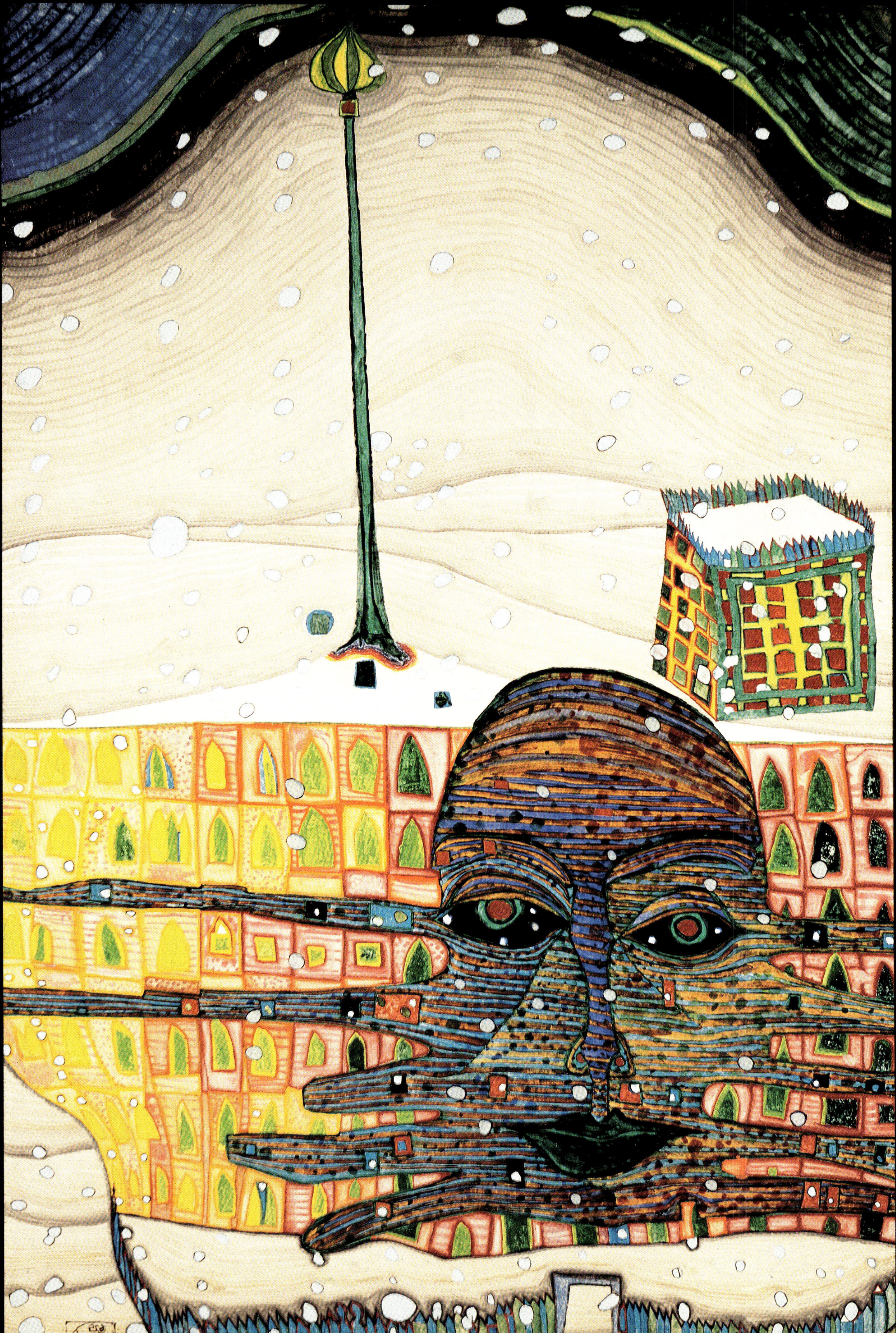

Hundertwasser

(625) WINTERBILD – POLYP – WINTERGEIST

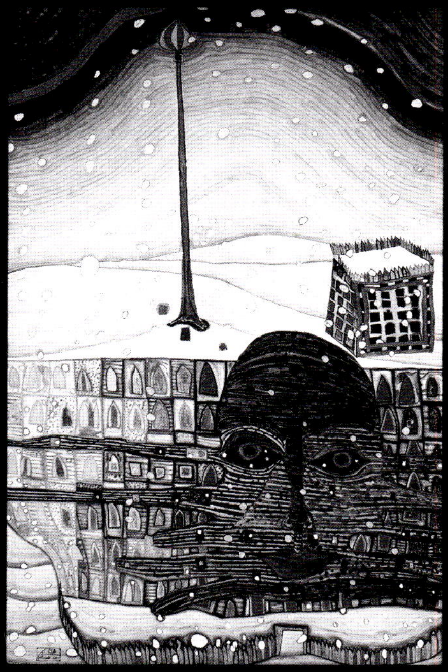

Hundertwasser
(625) WINTERBILD – POLYP – WINTERGEIST
WINTER PAINTING – MISTER SNOW
PAYSAGE D'HIVER
PAISAJE DE INVIERNO
冬の精――冬の絵
Venice, 1966

92 x 60 cm, Mixed media.
Private collection

"Unfortunately I have painted few winter scenes, even though all colours radiate in the snow as long as the white dancing down from the sky keeps coming."

„Leider malte ich wenige Winterbilder, obwohl im Schnee alle Farben leuchten, solange das vom Himmel heruntergetanzte Weiss anhält."

« Je peignais malheureusement peu de tableaux sur l'hiver, bien que toutes les couleurs brillent dans la neige, du moins tant que dure le blanc tombé du ciel en flocons dansants. »

«Desgraciadamente he pintado pocos paisajes de invierno, aunque en la nieve todos los colores brillan, mientras siga cayendo el blanco que baja bailando del cielo».

「空から白いものが舞い降りてくるあいだ、あらゆる色が雪の中で輝いているのに、
残念ながら私は冬景色をほとんど描かなかった」

HUNDERTWASSER

Hohenzollernring 53, D–50672 Köln
www.taschen.com

Gruener Janura AG, Glarus
www.hundertwasser.com

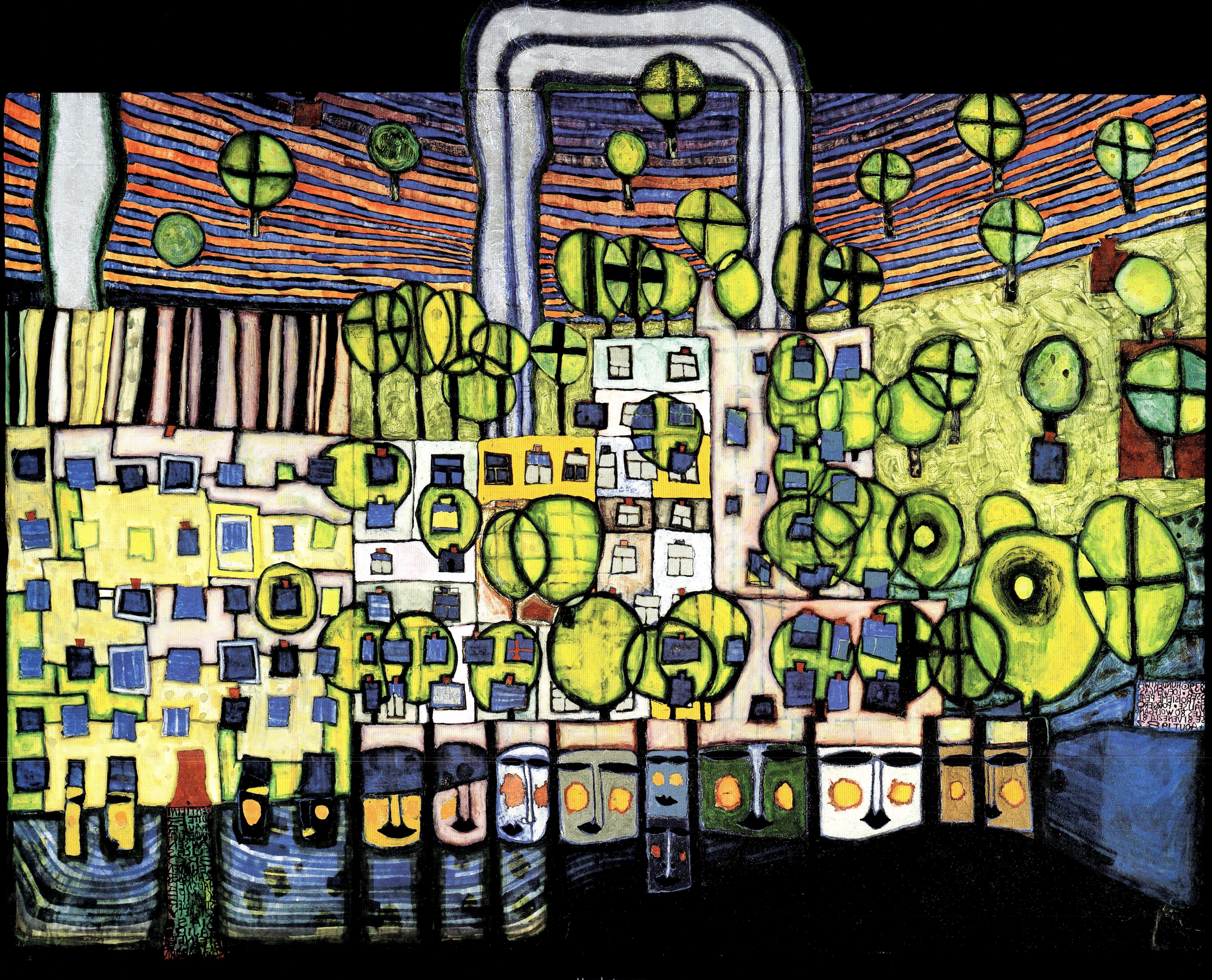

Hundertwasser

839 LOEWENGASSE LA TROISIEME PEAU

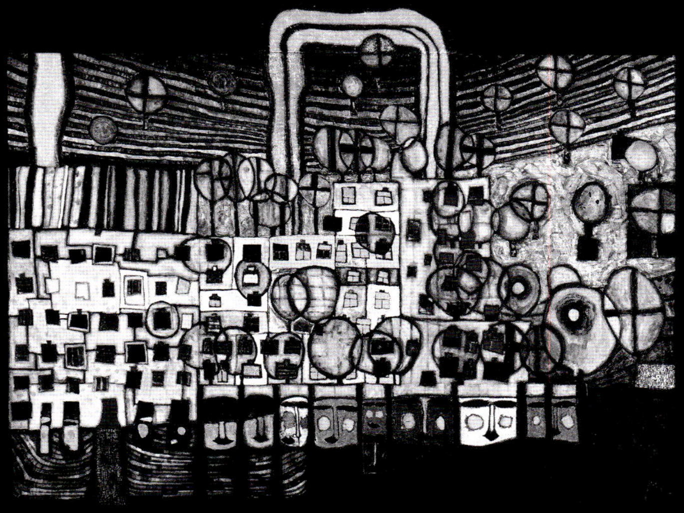

Hundertwasser
(839) LOEWENGASSE LA TROISIEME PEAU
THE THIRD SKIN
DIE DRITTE HAUT
LA TERCERA PIEL
レーヴェン通り――第三の皮膚
Venice, 1982

56.5 x 63 cm. Mixed media.
KunstHausWien, Vienna

“A Hundertwasser House architecture reverie. [...] It is [...] precisely the T-square-straight, soulless architectures which are flat and easy to analyse and construct with a computer. My houses – the computer people have said – often need more data input than medieval cathedrals.”

„Eine Hundertwasser-Haus-Architektur-Träumerei. [...] Es sind [...] gerade die linealgeraden, seelenlosen Architekturen flach und mit Computer leicht zu erfassen und zu konstruieren. Meine Häuser – sagten Computerleute – brauchten oft mehr Dateneingaben als mittelalterliche Kathedralen.“

« Une rêverie d’architecture de maison Hundertwasser. [...] Ce sont [...] précisément les architectures sans âme, droites comme une règle qui sont plates et faciles à saisir et à construire sur ordinateur. Mes maisons, disaient les informaticiens, nécessitaient souvent plus d’entrées de données que les cathédrales du Moyen Age. »

«Un sueño de arquitectura de la Casa de Hundertwasser. [...] Las arquitecturas de líneas rectas y sin alma [...] son precisamente fáciles de diseñar en el ordenador. Para mis casas –dicen los especialistas en ordenador– hay que introducir más datos que en el caso de las catedrales medievales».

「フンデルトヴァッサーハウス建築様式的空想のひとつだ。(・・・)まさにT定規で引いたようにまっすぐで、
魂のこもっていない建築物は平面的だから、コンピュータを使って分析し、建築するのは簡単だ。
でも私がつくる家は――コンピュータを扱う人が言ったんだが――
中世の教会よりも入力するデータが多いときがよくあるそうだ」

HUNDERTWASSER

Hohenzollernring 53, D–50672 Köln
www.taschen.com

Gruener Janura AG, Glarus
www.hundertwasser.com

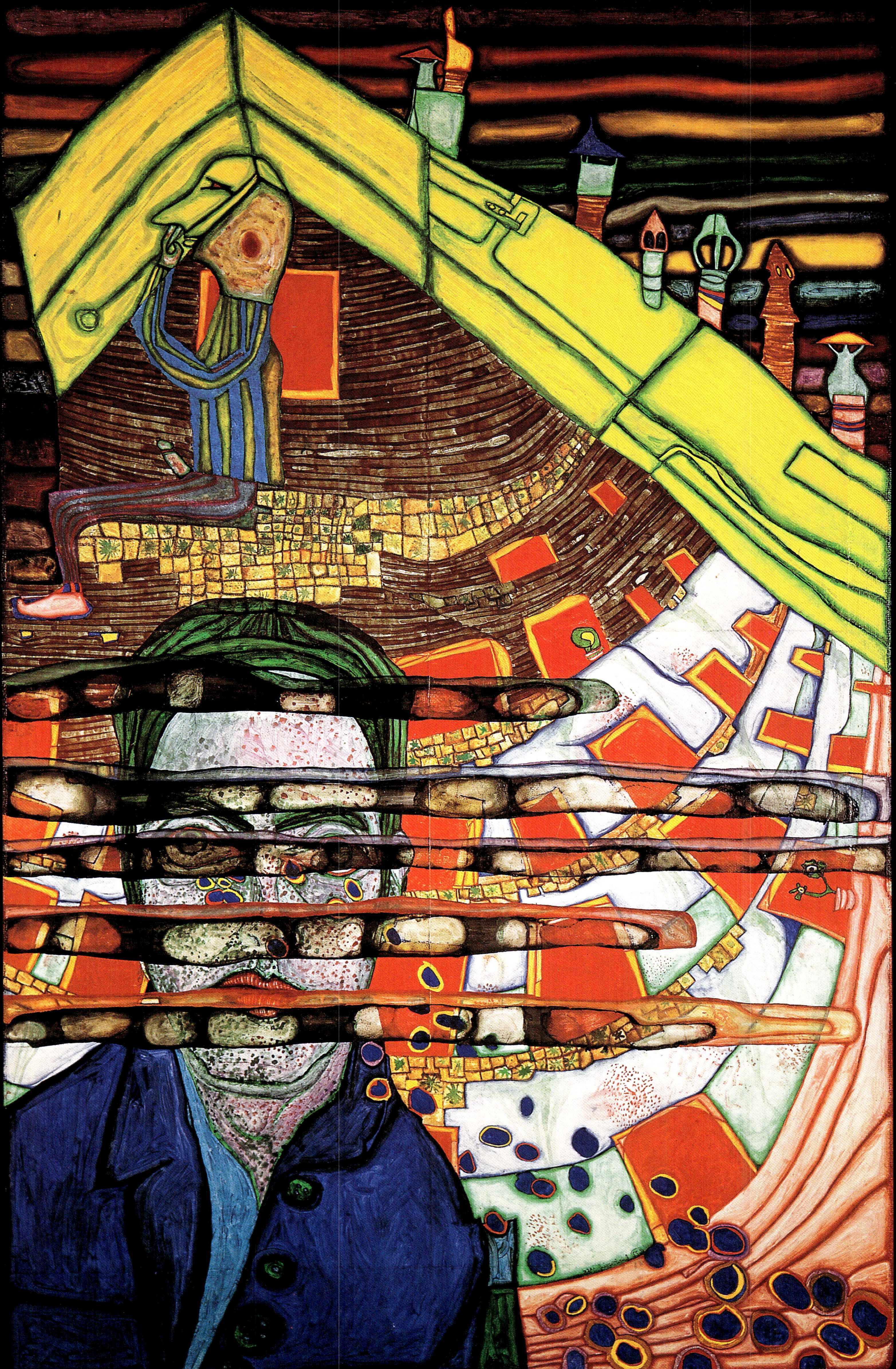

Hundertwasser

 DER NASENBOHRER UND DIE BEWEINUNG EGON SCHIELES

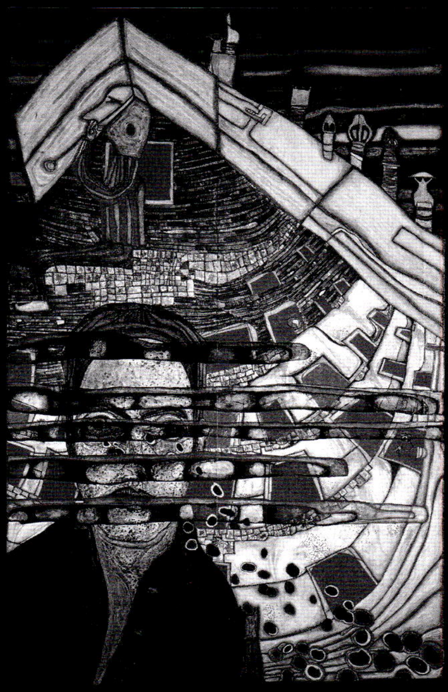

Hundertwasser

(622) DER NASENBOHRER UND DIE BEWEINUNG EGON SCHIELES

MOURNING SCHIELE

PLEURS POUR EGON SCHIELE

LLORANDO A EGON SCHIELE

鼻をほじる人とエゴン・シーレへの哀悼

Lugano, 1965

116 x 73 cm. Mixed media.

KunstHausWien, Vienna

“Wispy black clouds cover eyes, nose and mouth. A man in blue sits under a roof picking his nose, which has a lot to do with the penis, of course. Add to that a ‘dunkelbunt’ sky, a conglomeration of chimneys on the yellow roof and windows of blood. What more do you want?”

„Zierliche schwarze Wolken verdecken Augen, Nase und Mund. Man trägt Blau und sitzt unter dem Dach und bohrt in der Nase, was bekanntlich viel mit dem Penis zu tun hat. Dazu ein dunkelbunter Himmel, ein Schornsteintreffen auf dem gelben Dach und Fenster aus Blut. Was willst du mehr?“

« De graciles nuages noirs masquent les yeux, le nez et la bouche. On porte du bleu, on est assis sous le toit et on se met le doigt dans le nez, ce qui a beaucoup affaire avec le pénis, comme chacun sait. Au-dessus, un ciel colorié sombre, un rendez-vous de cheminées sur le toit jaune et des fenêtres de sang. Que tu veux-tu de plus ? »

«Tiernas nubes negras tapan los ojos, la nariz y la boca. De azul, sentado bajo el tejado, metiéndose el dedo en la nariz, lo que —como se sabe— tiene mucho que ver con el pene. Después, un cielo de vivos colores, una reunión de chimeneas sobre el tejado amarillo y ventanas de sangre. ¿Qué más quieres?».

「たなびく黒雲が目と鼻と口をおおっている。青い服を着て、屋根の下に座り、鼻をほじっている男は、
周知のようにペニスと多分に関係がある。それに加えて、カラフルだが暗い空と、
黄色い屋根の上の密集した煙突と、血でできた窓。これ以上何が必要だ？」

HUNDERTWASSER

Hohenzollernring 53, D–50672 Köln
www.taschen.com

Gruener Janura AG, Glarus
www.hundertwasser.com

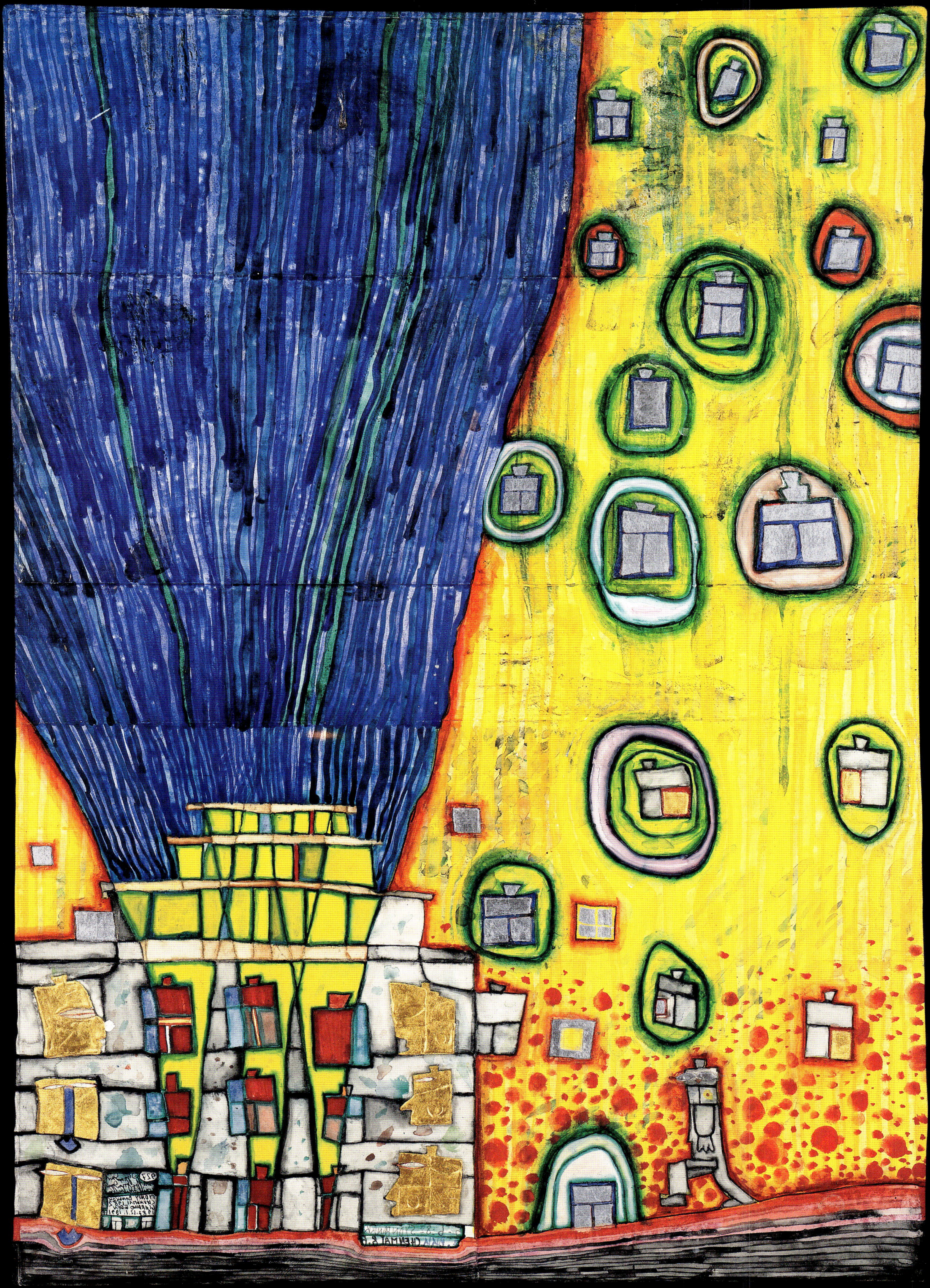

Hundertwasser
927 WATER FIRE

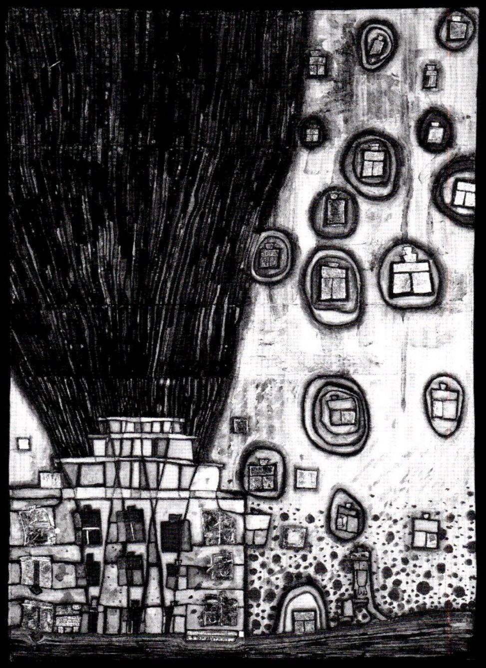

Hundertwasser
(927) WATER FIRE
水の火
Venice, 1991

102 x 70 cm, Mixed media
Private collection

"Begun in a high-rise in Bangkok; I just turned the water into fire and the fire into water. Burning water is put out with fire."

„Auf einem Hochhaus in Bangkok begonnen, habe ich einfach das Wasser zu Feuer und das Feuer zu Wasser gemacht. Wasserbrand löscht man mit Feuer."

« Commencé sur un building de Bangkok, de l'eau j'en ai fait simplement du feu et du feu de l'eau. L'incendie d'eau s'éteint avec le feu. »

«Después de comenzar sobre un rascacielos de Bangkok, transformé sencillamente el agua en fuego y el fuego en agua. Un incendio en el agua se apaga con fuego».

「それはバンコクの高層ビルで始まった。そこで私は火を水に、そして水を火に入れ替えた。燃え盛る水が火で消えるんだ」

Hundertwasser

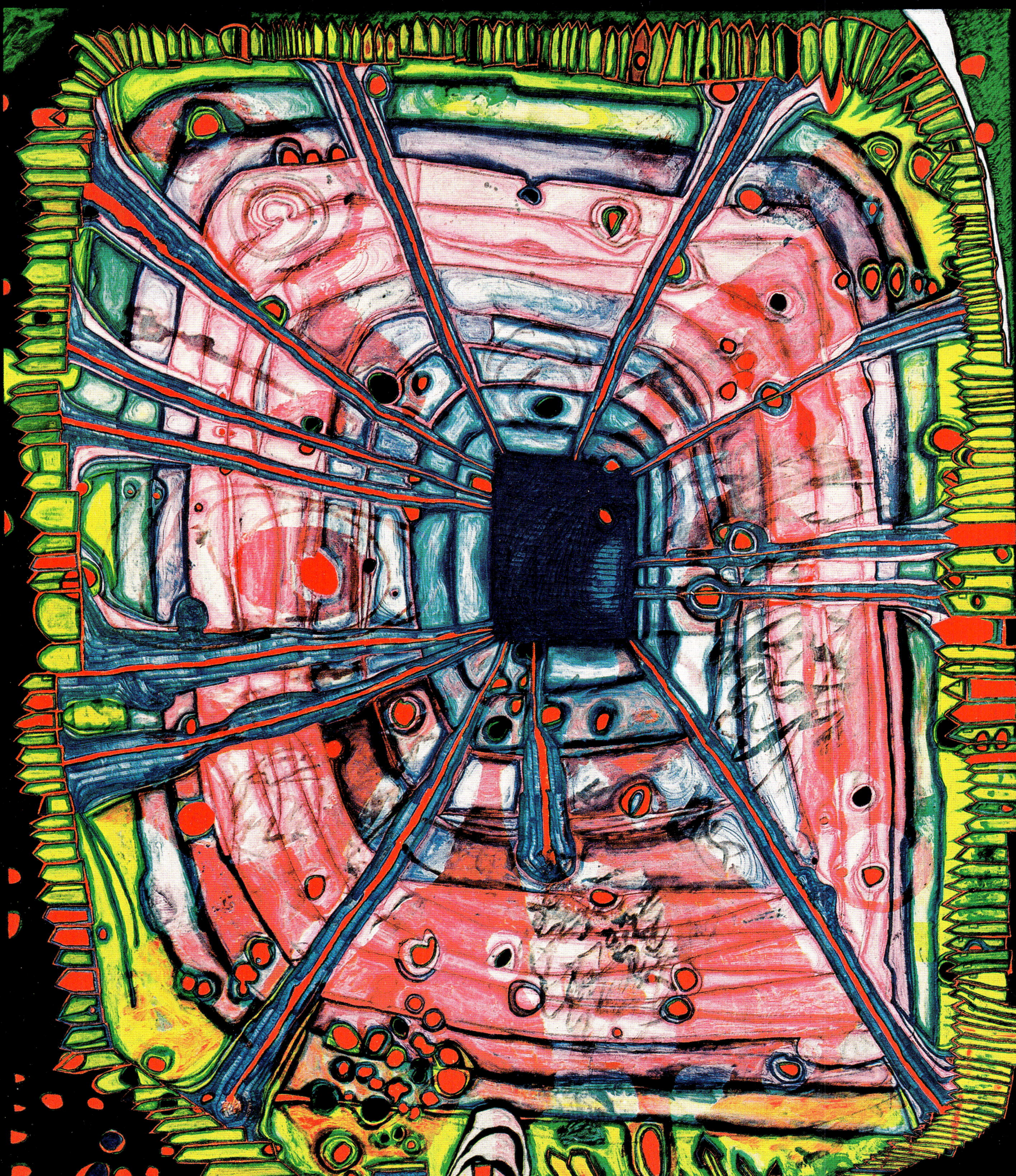

Hundertwasser

(475) RAIN OF BLOOD DROPPING INTO JAPANESE WATERS LOCATED IN AN AUSTRIAN GARDEN

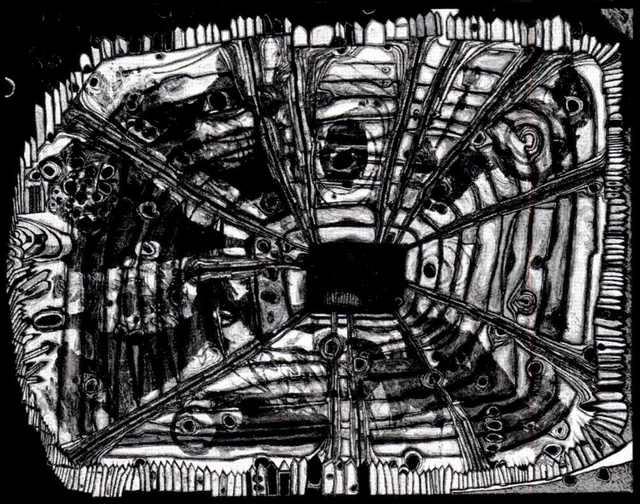

Hundertwasser
(475) RAIN OF BLOOD DROPPING INTO JAPANESE WATERS LOCATED IN AN AUSTRIAN GARDEN
BLUTREGEN TROPFT IN JAPANISCHES WASSER, DAS IN EINEM ÖSTERREICHISCHEN GARTEN LIEGT
DE LA PLUIE DE SANG S'EGOUTTE DANS L'EAU JAPONAISE SE TROUVANT DANS UN JARDIN AUTRICHIEN
UNA LLUVIA DE SANGRE GOTEA EN EL AGUA JAPONESA QUE SE ENCUENTRA EN UN JARDÍN AUSTRIACO
オーストリア庭園にある日本の池に降る血の雨
Tokyo, 1961

131 x 163 cm. Mixed media.
Current whereabouts unknown

"The biggest picture I painted in Japan."

„Mein größtes in Japan gemaltes Bild."

« Mon plus grand tableau peint au Japon. »

«El cuadro más grande que pinté en Japón».

「日本で描いたいちばん大きな絵」

HUNDERTWASSER

Hohenzollernring 53, D–50672 Köln
www.taschen.com

www.hundertwasser.com

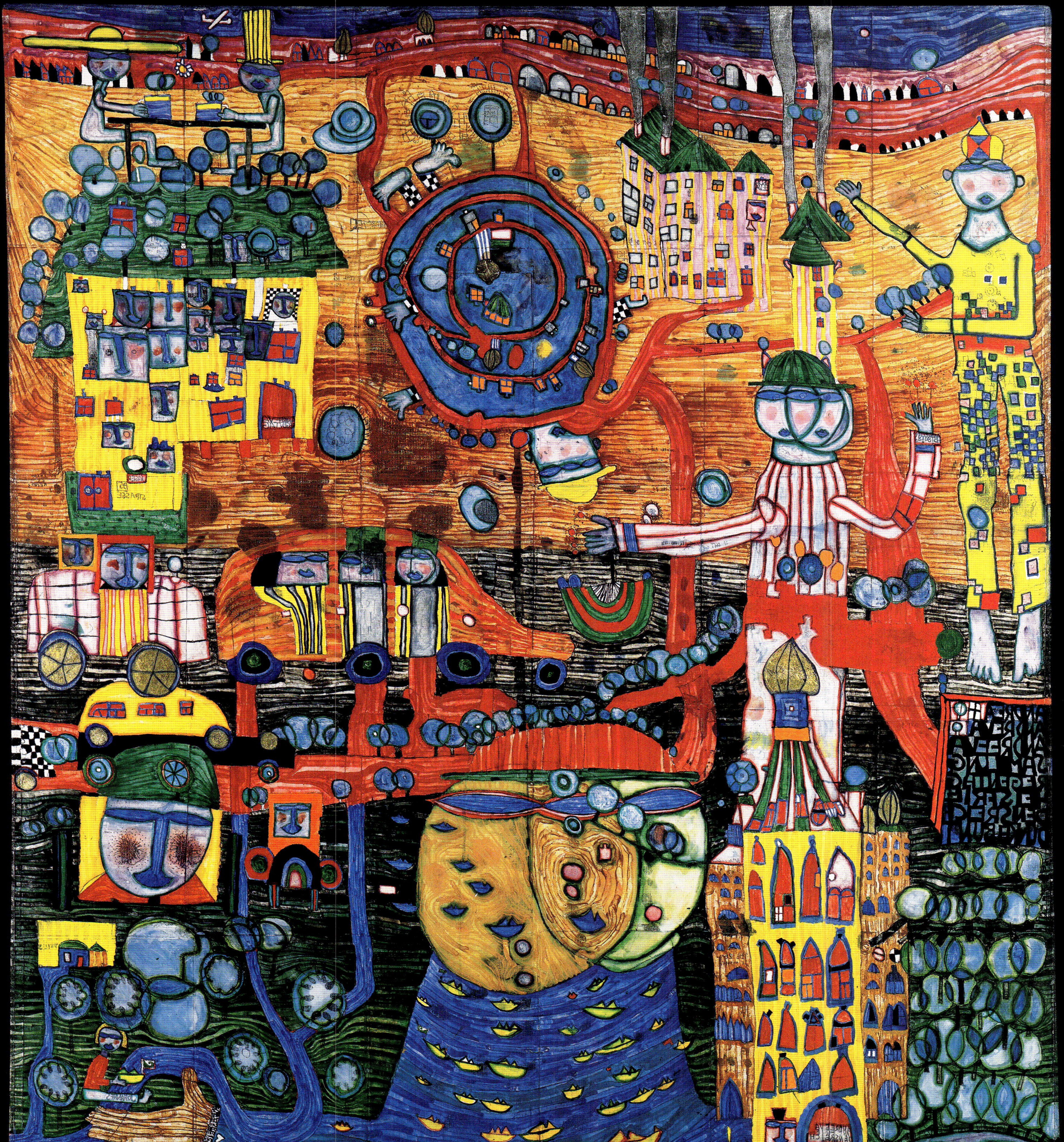

Hundertwasser
936 DAS 30 TAGE FAX BILD

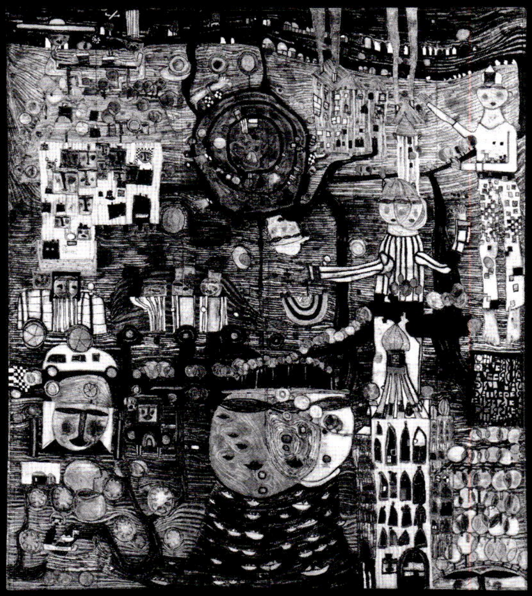

Hundertwasser
(936) DAS 30 TAGE FAX BILD
THE 30 DAYS FAX PAINTING
LE 30 JOURS FAX IMAGE
EL CUADRO DE FAX DE 30 DÍAS
30日間のファクス絵画
Vienna, 1994

151 x 130 cm. Mixed media.
KunstHausWien, Vienna

"The dogmatic world of architecture refuses to concede that the architecture most fitting to man is to be found in children's drawings and fairy-tale books. It shouldn't be all that difficult to turn what children dream up into constructed reality."

„Die dogmatische Architektenwelt will nicht wahrhaben, dass die menschenwürdigsten Architekturen in Kinderzeichnungen und Märchenbüchern zu finden sind. Es dürfte nicht so schwer sein, in gebaute Realität umzusetzen, was Kinder sich erträumen."

« Le monde dogmatique des architectes ne veut pas admettre que les architectures les plus humaines se trouvent dans les dessins d'enfants et les livres de contes. Il ne devrait pas être si difficile que ça de convertir en réalité construite ce dont les enfants rêvent. »

«El dogmático mundo de los arquitectos no quiere creerse que las arquitecturas más dignas del hombre se encuentran en los cuadros pintados por los niños y en los libros de cuentos. No sería muy difícil transformar en realidad construida los sueños de los niños».

「人間にもっともふさわしい建築様式は子供の絵やおとぎ話の中に見られるという事実を、建築の独断的な世界は断固として認めようとしない。子供が夢に描いていることを現実の構造物に変えるのは、それほどむずかしいことではないはずだ」

HUNDERTWASSER

Hohenzollernring 53, D–50672 Köln
www.taschen.com

Gruener Janura AG, Glarus
www.hundertwasser.com

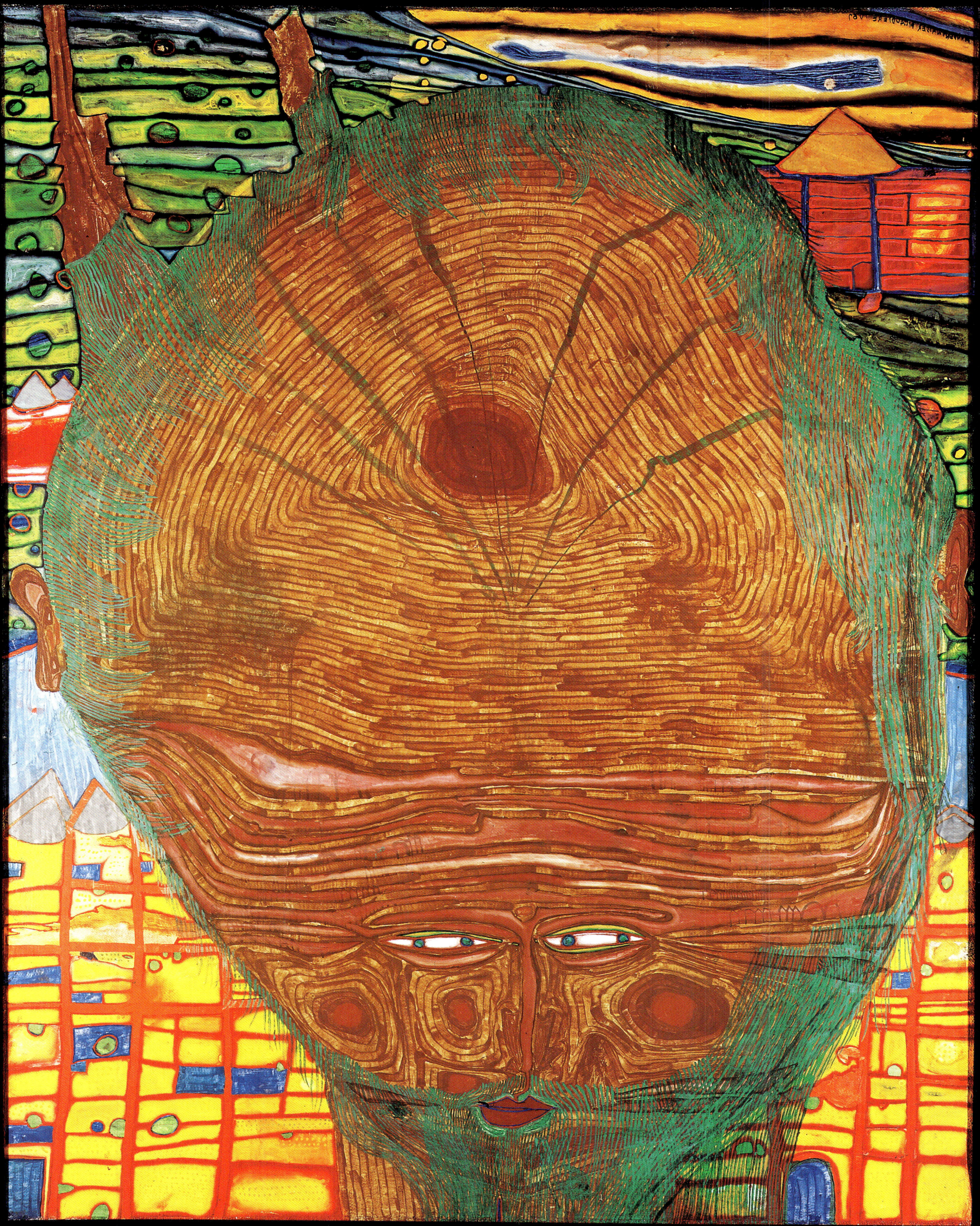

Hundertwasser

498 DER BART IST DAS GRAS DES KAHLKÖPFIGEN

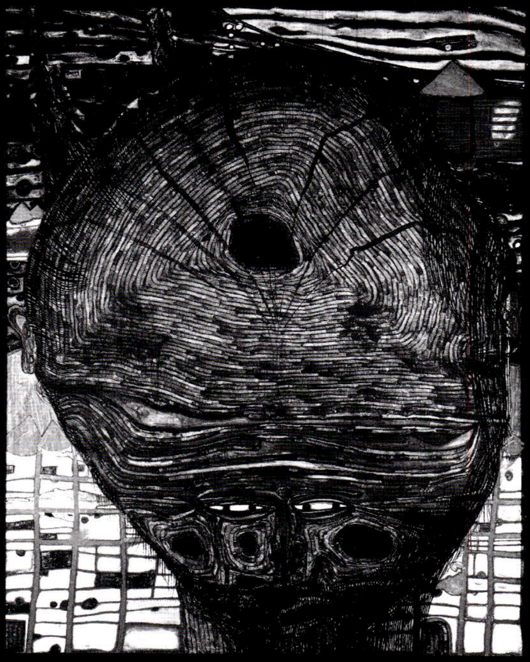

Hundertwasser
498 DER BART IST DAS GRAS DES KAHLKÖPFIGEN
THE BEARD IS THE GRASS OF THE BALD-HEADED MAN
LA BARBE GAZON DE L'HOMME DEMUNI
LA BARBA ES LA HIERBA DEL CALVO
髭は禿頭の男の草である
La Picaudière, 1961

146 x 114 cm. Mixed media.
Museum Moderner Kunst
Stiftung Ludwig Wien im MuseumsQuartier, Vienna

"As heads had consisted of layers of earth for a long time in my painting, it was completely logical for grass to grow on the ground. Besides, I had to turn reality into something positive, as I had less and less hair on my head."

„Da in meiner Malerei schon lange die Köpfe aus Erdschichten bestanden, war es völlig logisch, dass auf Erde Gras wächst. Ausserdem musste ich die Realität in etwas Positives umwandeln, da ich immer weniger Haare auf dem Kopf hatte."

« Etant donné que dans ma peinture les têtes sont depuis longtemps en couches de terre, c'était la logique même que l'herbe pousse sur la terre. En plus, je devais transformer la réalité en quelque chose de positif, car j'avais de moins en moins de cheveux sur le crâne. »

«Como en mi pintura las cabezas constaban desde hacía ya tiempo de capas de tierra, era algo totalmente lógico que en la tierra crezca hierba. Además tenía que transformar la realidad en algo positivo, pues cada vez tenía menos pelos en la cabeza».

「私の絵では、長いこと、頭を地層として扱ってきたので、その地面から草が生えるのは当然理にかなっていた。しかも、私は現実を何かしらプラスの方向に変える必要があった。私の頭の毛がどんどん薄くなってきていたからだ」

HUNDERTWASSER

Hohenzollernring 53, D–50672 Köln
www.taschen.com

www.hundertwasser.com

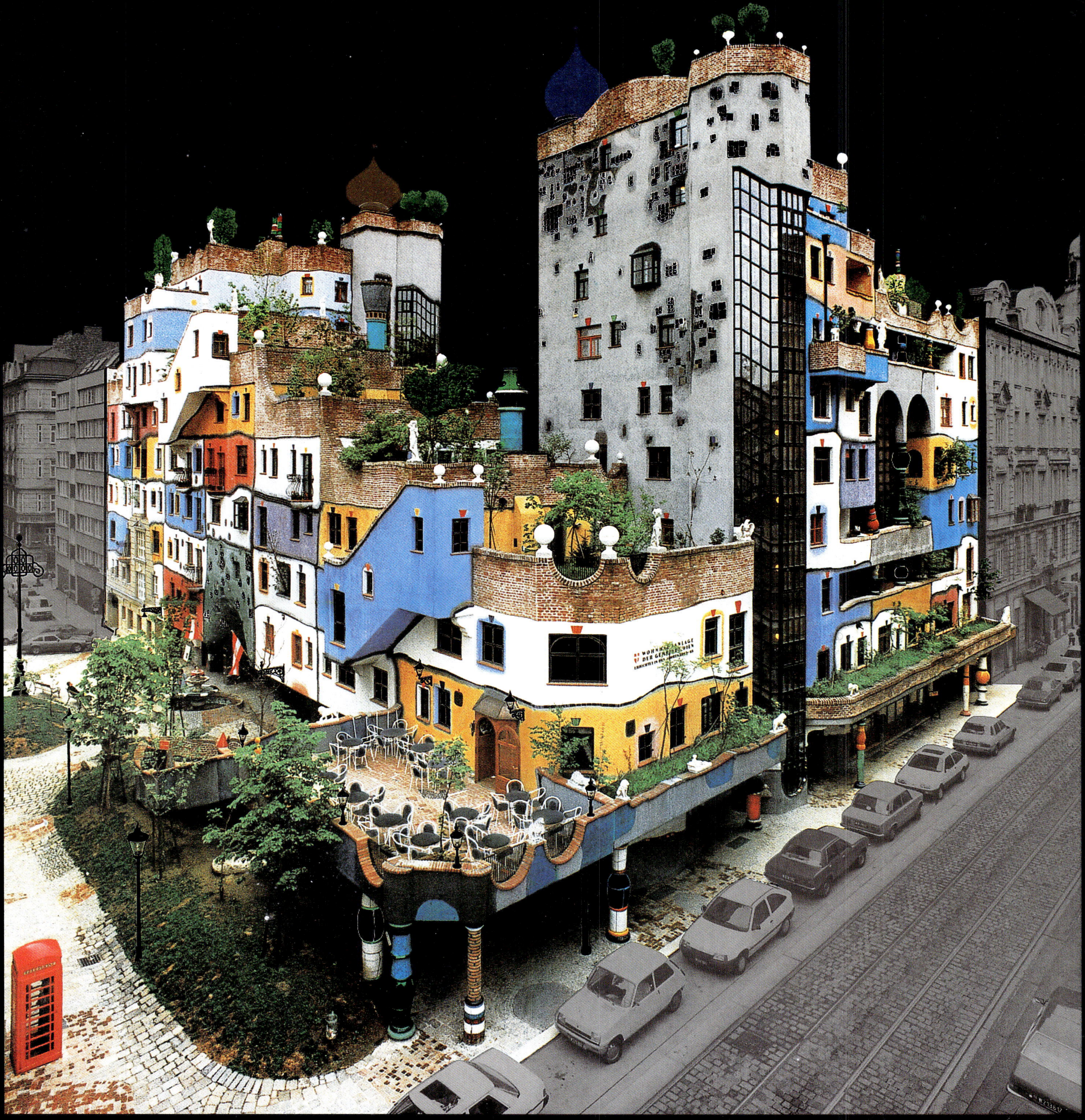

Hundertwasser
Original-Poster Hundertwasser-Haus, Vienna

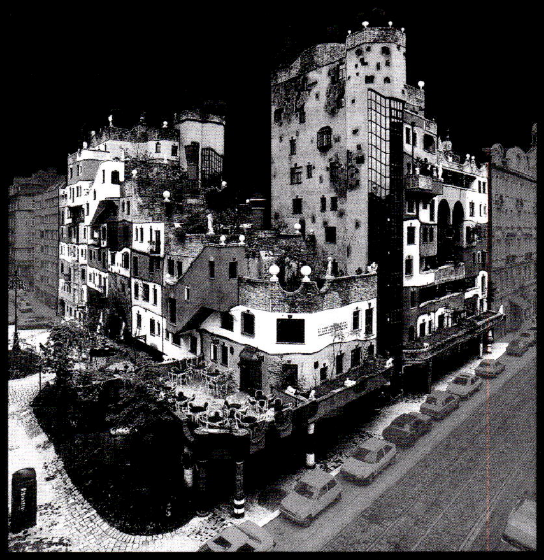

Hundertwasser
Original-Poster Hundertwasser-Haus, Wien
Original poster Hundertwasser House, Vienna
Poster original, Maison Hundertwasser, Vienne
Poster original, Casa Hundertwasser, Viena
ウィーンのフンデルトヴァッサーハウスのオリジナルポスター

Photograph by Peter Dressler, retouched by Friedensreich Hundertwasser

ein Haus
ein ungewöhnliches Haus
das nicht den üblichen Normen und Klischees
der scholastischen Architektur entspricht
ein Haus
von einem Maler erdacht und gestaltet
ein Abenteuer der modernen Zeit
eine Reise in ein unbekanntes Land
eine Reise in das Land der kreativen Architektur

a house
an unusual house
that does not correspond to
the usual clichés and norms of academic architecture
a house
conceived and designed by a painter
an adventure in modern times
a journey to an unknown land
a journey into the land of creative architecture

une maison
une curieuse maison
qui ne correspond ni aux normes et clichés habituels
ni à l'architecture scolastique
une maison
imaginée et réalisée par un peintre
une aventure de l'époque moderne
un voyage dans un pays inconnu
un voyage au pays de l'architecture créative

una casa
una casa fuera de lo común
que no corresponde a las normas y los clichés
de la arquitectura escolástica
una casa
pensada y configurada por un pintor
una aventura de los tiempos modernos
un viaje a un país desconocido
un viaje al país de la arquitectura creativa

一軒の家
一軒の風変わりな家
ありふれた情景と学問としての建築規範には
呼応しない
一軒の家
画家が考え、設計した家
現代の冒険
知られざる地への旅
想像に富んだ建築の地への旅

HUNDERTWASSER

Hohenzollernring 53, D–50672 Köln
www.taschen.com

Gruener Janura AG, Glarus
www.hundertwasser.com

Hundertwasser 1928–2000

1928 Born in Vienna on December 15th as Friedrich Stowasser.
1938 Following Austria's annexation, forced removal to his aunt's and grandmother's home on Obere Donaustraße.
1943 69 of his Jewish relations on his mother's side are deported and killed.
1948 End of schools. Spends three months at the Academy of Fine Arts, Vienna.
1949 Adopts the name Hundertwasser. Start of extensive travelling. Develops his own style. In Florence he meets René Brô and follows him to Paris.
1952 First exhibition in Art Club of Vienna.
1953 Paints his first spiral.
1954 First exhibition in Paris at the Studio Paul Facchetti. Develops the theory of "transautomatism" and begins to number his works.
1955 Exhibiton at Carlo Cardazzo's Galleria del Naviglio, Milan.
1956 Publishes the text "The Visibility of Transautomatic Creation" in "Cimaises" and "Phases" in Paris.
1958 Reads his "Mould Manifesto against Rationalism in Architecture" on the occasion of a congress in Seckau Monastery.
1959 Together with Ernst Fuchs and Arnulf Rainer, founds the "Pintorarium", a universal academy of all creative fields. As guest lecturer at the Academy of Fine Art in Hamburg, he draws the "Endless Line" with Bazon Brock and Schuldt.
1962 Paints in a Studio on the Giudecca, Venice. Very successful retrospective at the Venice Biennale.
1964 Large retrospective in the Kestner-Gesellschaft, Hannover, with œuvre catalogue.
1967 Nude speech for "The Right to a Third Skin" in Munich.
1968–1972 The "San Giuseppe T" is converted into the "Regentag" in dockyards in the Venice lagoon.
1969 Museum exhibitions in the United States.
1971 Lives and works on board of "Regentag" in the Venice lagoon. Works on the Olympia poster for Munich in Lengmoos.
1970–1972 Collaboration with Peter Schamoni on the film "Hundertwasser Regentag". Works on the "Regentag" print portfolio in Dietz Offizin in Lengmoos, Bavaria.
1972 Friendship with Joram Harel. In the TV series "Wünsch Dir was", demonstrates in support of roof forestation and individual façade design. Publishes manifesto "Your window right – your tree duty".
1973 First portfolio with Japanese woodcuts: "Nana Hyaku Mizu". Hundertwasser is the first European painter to have his works cut by Japanese masters. Takes part in the Triennale di Milano. Touring exhibition in New Zealand.
1975 Exhibition in Haus der Kunst, Munich. Manifesto "Humus-Toilet" in Munich. Designs a postage stamp for Austria: "Spiral Tree". Beginning of the world travelling exhibition tour in the Musée d'art moderne de la Ville de Paris, continues until 1983 in 27 countries and 40 museums. In the Albertina, Vienna, start of the world travelling exhibition of his complete graphic œuvre. It continues until 1992 in 15 countries and more than 80 museums and galleries. Sails the "Regentag" across the Atlantic to the ribbean, through the Panama Canal to the Pacific.
1978 Designs "Peace flag for the Holy Land" with a green Arab sickle moon and blue Star of David against a white background and publishes his "Peace Manifesto".
1979 The Austrian government printing office is printing three stamps for the Republic of Senegal and one for the Republic of Cape Verde based on his design. Reads manifesto on recycling "Shit Culture – Holy Shit" at Pfäffikon on the Lake of Zurich. The touring exhibition "Hundertwasser Is Painting" with 40 new works starts in New York.
1980 Speaks on ecology, against nuclear power and for an architecture in harmony with man and nature in the U.S. Senate,. "Hundertwasser Day" in Washington, D.C., tree planting in Judiciairy Square, Washington, D.C.
1981 Appointed to the Academy of Fine Arts, Vienna. Writes "Guidelines for the Hundertwasser Master School".
1983 Designs six postage stamps for the United Nations. Works in Spinea on silkscreen 860 *Homo Humus Come Va How Do You Do* in 10,002 different versions.Designs a flag for New Zealand, the Koru.
1984 Takes an active part in campaigns to save Hainburg leas. Camps in the leas for a week.
1985 Start of the cooperation with the architect Peter Pelikan. Works all year on the building site of the Hundertwasser House in Vienna.
1986 Designs "Uluru – Down-under Flag" for Australia. Design of the Brockhaus Encyclopaedia. 70,000 visitors attend the "Open House".
1987 Redesigns St. Barbara's Church in Bärnbach, Styria, and plans a Children's Day-care Centre in Heddernheim, Frankfurt.
1988 Redesigns and campaigns to retain the existing form of Austrian licence plates. Further involvement in the campaign to preserve Austrian identity in the matter of licence plates.
1989 Builds architecture model "In the Meadow Hills".
1990 Works on architectural projects: KunstHausWien; Highway Restaurant Bad Fischau; HBW Incinerator Spittelau, Vienna; In the Meadows, Bad Soden, Germany; Village Shopping Mall, Vienna; Textile Factory Muntlix, Vorarlberg; Winery Napa Valley, California.
1991 Inauguration of KunstHausWien on April, 9. Concept and development of architectural projects: inner Courtyard of the Housing Development in Plochingen, Germany; the Thermal Village Blumau, Styria, "In the Meadow Hills".
1992 In Tokyo Hundertwasser's Countdown 21st Century Monument for TBS is installed.
1993 Involvement in the campaign opposing Austria's joining of the European Union.
1995 Works on the Hundertwasser-Bible
1996 Unveiling of the Danube ship "MS Vindobona", redesigned by Hundertwasser.
1997 Design and planning of architectural projects: The Forest Spiral of Darmstadt, Hohe-Haine- Dresden, Germany; MOP (incinerator) for the city of Osaka, Japan; Farmers's Market in Altenrhein, Switzerland.
1998 Retrospective museum exhibition at the Institute Mathildenhöhe, Darmstadt, Germany, and in Japan. Architectural design for the Pumping Station, Sakishima Island, Osaka, Japan. Works on the Portfolio "La Giudecca Colorata".
1999 Hundertwasser lives and works in New Zealand. Architectural projects: Sludge Center, Osaka; "The Green Citadel of Magdeburg" and "Uelzen Railroad Station", Germany. Reconstruction work on the new "Kawakawa Public Toilet", New Zealand. Designs the layout and the book covers of his catalogue raisonné.
2000 Architectural projects for Teneriffa and Dillingen/Saar, Germany. Dies from a heart attack on Saturday, February 19, on the Pacific, on board Queen Elizabeth II. As he wished, he is being buried in harmony with nature on his own land in New Zealand, in the Garden of the Happy Dead, under a tulip tree.

1928 Am 15. Dezember in Wien geboren als Friedrich Stowasser.
1938 Nach dem Anschluß Zwangsübersiedlung in die Obere Donaustraße zu Tante und Großmutter.
1943 69 jüdische Familienangehörige werden deportiert und getötet.
1948 Matura. Verbringt drei Monate an der Akademie der Bildenden Künste in Wien.
1949 Nimmt den Namen Hundertwasser an. Beginnt ausgedehnte Reisen. Entwickelt eigenen Stil. In Florenz trifft er René Brô und folgt ihm nach Paris.
1952 Erste Ausstellung im Art Club Wien.
1953 Malt die erste Spirale.
1954 Erste Ausstellung in Paris bei Paul Facchetti. Entwickelt die Theorie des „Transautomatismus" und beginnt, seine Bilder zu numerieren.
1955 Ausstellung bei Carlo Cardazzo, Galleria del Naviglio, Mailand.
1956 Veröffentlicht den Text „La visibilité de la création transautomatique" in „Cimaises" und „Phases" in Paris.
1958 Verliest das „Verschimmelungsmanifest gegen den Rationalismus in der Architektur".
1959 Gründung des „Pintorarium" – einer universellen Akademie aller kreativen Richtungen – mit Ernst Fuchs und Arnulf Rainer. Als Gastdozent an der Hochschule für Bildende Künste in Hamburg zieht er die „Endlose Linie" mit Bazon Brock und Schuldt.
1962 Malt in einem Studio auf der Giudecca, Venedig. Großer Erfolg seiner Retrospektive bei der Biennale in Venedig.
1964 Große Retrospektive in der Kestner-Gesellschaft, Hannover, mit Œuvre-Katalog.
1967 Nacktrede in München für das „Anrecht auf die Dritte Haut".
1968–1972 Umbau des Schiffes „San Giuseppe T" zur „Regentag" in Venedig.
1969 Museumsausstellungen in den USA.
1971 Lebt und arbeitet an Bord der „Regentag" in der Lagune von Venedig. Arbeit am „Olympia-Poster" für München in Lengmoos.
1970–1972 Zusammenarbeit mit Peter Schamoni für den Film „Hundertwasser-Regentag". Arbeit an der Graphikmappe „Regentag" in der Dietz-Offizin in Lengmoos, Bayern.
1972 Freundschaft mit Joram Harel. Demonstriert in der TV-Sendung „Wünsch Dir was" für Dachbewaldung und individuelle Fassadengestaltung. Veröffentlicht Manifest „Dein Fensterrecht – Deine Baumpflicht".
1973 Erstes Portfolio mit japanischen Holzschnitten: „Nana Hyaku Mizu". Hundertwasser ist der erste europäische Maler, dessen Werke von japanischen Meistern geschnitzt werden. Teilnahme an der Triennale di Milano. Wanderausstellung in Neuseeland.
1975 Ausstellung im Haus der Kunst, München. Manifest „Humus-Toilette" in München. Entwirft Briefmarke für Österreich: „Spiralbaum". Leitet hiermit die Serie „Moderne Kunst in Österreich" ein. Stecher aller Marken: Wolfgang Seidel. Beginn der Weltwanderausstellung im Museé d'art moderne de la Ville de Paris, die bis 1983 in 27 Ländern und 40 Museen gezeigt wird. In der Albertina, Wien, beginnt die Weltwanderausstellung seines gesamten graphischen Œuvres, die bis 1992 in 15 Ländern und über 80 Museen und Galerien gezeigt wird. Überquert mit der „Regentag" den Atlantik und segelt über die Karibik und den Panama-Kanal in den Pazifik.
1978 Entwirft in Venedig die „Friedensfahne für das Heilige Land" mit grünem arabischen Halbmond und blauem Davidstern auf weißem Untergrund. Veröffentlicht „Friedensmanifest".
1979 Die Österreichische Staatsdruckerei druckt drei Briefmarken für die Republik Senegal und eine für die Republik der Kapverdischen Inseln nach seinen Entwürfen. Verlesung des Manifests „Die heilige Scheiße" in Pfäffikon am Zürcher See. Wanderausstellung „Hundertwasser is Painting" mit 40 neuen Werken beginnt in New York, anschließend in Tokio, Hamburg, Oslo, Paris, London und Wien.
1980 Spricht über Ökologie, gegen Kernkraft und für eine natur- und menschengerechtere Architektur im US-Senat. „Hundertwasser Day" in Washington, D.C., Baumpflanzung auf dem Judiciary Square.
1981 Berufung an die Akademie der Bildenden Künste, Wien. Verfaßt „Richtlinien für die Meisterschule Hundertwasser".
1982 Hundertwasser Woche in San Francisco anläßlich der Übergabe der zwei Plakate *Save the Whales* und *Save the Seas* an Greenpeace und die Jacques Cousteau Gesellschaft.
1983 Entwirft sechs Briefmarken für die Vereinten Nationen. Arbeitet in Spinea an 860 *Homo Humus How Do You Do* in 10 002 verschiedenen Versionen. Entwirft die „Koru-Flagge" für Neuseeland.
1984 Nimmt aktiv an den Aktionen zur Rettung der Hainburger Au teil.
1985 Beginn der Zusammenarbeit mit Architekt Peter Pelikan. Arbeitet auf der Baustelle des Hundertwasser-Haus in Wien.
1986 Entwirft „Uluru, Down-under flag" für Australien. Gestaltung der Brockhaus-Enzyklopädie. 70 000 Besucher am „Tag der offenen Tür".
1987 Neugestaltung der St.-Barbara-Kirche in Bärnbach, Steiermark. Entwirft die Kindertagesstätte Heddernheim in Frankfurt.
1988 Neugestaltung der österreichischen Autokennzeichen und Einsatz für die Beibehaltung der schwarzen Nummernschilder.
1989 Baut sein Modell „Hügelwiesenland".
1990 Arbeit an Architektur-Realisationen: KunstHausWien; Raststätte Bad Fischau; Fernwärmewerk Spittelau, Wien; In den Wiesen, Bad Soden, BRD; Einkaufszentrum Village, Wien; Textilfabrik Muntlix, Vorarlberg; Winery Napa Valley, Kalifornien.
1991 Eröffnung des KunstHausWien. Arbeit an Architektur-Projekten: Innenhof der Wohnanlage in Plochingen, BRD; Thermendorf Blumau, Steiermark, das Hügelwälderland.
1992 Errichtung des Countdown 21st Century Monuments für TBS in Tokio.
1993 Manifest und Einsatz gegen den Beitritt Österreichs zur Europäischen Union.
1995 Gestaltung der Hundertwasser-Bibel.
1996 Einweihung des von Hundertwasser für die DDSG umgestalteten Donauschiffes „MS Vindobona" in Wien.
1997 Entwürfe und Planung von Architekturprojekten: Die Waldspirale von Darmstadt, Hohe-Haine-Dresden, BRD; Müllverbrennungsanlage MOP für Osaka, Japan; Martin-Luther-Gymnasium, Wittenberg; Markthalle Altenrhein, Schweiz.
1998 Museums-Retrospektive im Institut Mathildenhöhe, Darmstadt, und in Japan. Architekturgestaltung: Pumping Station, Sakishima Island, Osaka. Arbeit am Portfolio „La Giudecca Colorata".
1999 Hundertwasser lebt und malt in Neuseeland. Architekturprojekte: Sludge Center, Osaka; „Die grüne Zitadelle von Magdeburg" und Bahnhof Uelzen, BRD. Mitarbeit am Bau der von ihm umgestalteten „Kawakawa Public Toilet", Neuseeland. Entwirft das Layout für den Catalogue Raisonné und die Einbandgestaltungen des zweibändigen Katalogs.
2000 Verfaßt Kommentare zu vielen seiner Werke für das Œuvre-Buch. Arbeitet an Architekturprojekten für Teneriffa und Dillingen/Saar, BRD. Hundertwasser stirbt an Herzversagen am Samstag, dem 19. Februar, im Pazifischen Ozean, an Bord der Queen Elizabeth II. Er wird auf seinem Land in Neuseeland, im Garten der glücklichen Toten, in Harmonie mit der Natur unter einem Tulpenbaum begraben.

1928 Friedrich Stowasser naît le 15 décembre à Vienne.
1938 S'installe après l'*Anschluß* chez sa tante et sa grand-mère, Obere Donaustraße.
1943 69 membres juifs de sa famille sont déportés et tués.
1948 Baccalauréat. Passe trois mois à l'Académie des Beaux-Arts de Vienne.
1949 Prend le nom de Hundertwasser. Premiers grands voyages. Développe un style propre. Rencontre à Florence René Brô, qu'il suit à Paris.
1952 Première exposition à l'Art Club de Vienne.
1953 Peint sa première spirale.
1954 Première exposition à Paris chez Paul Facchetti. Elabore sa théorie du *transautomatisme* et commence à numéroter ses tableaux.
1955 Exposition chez Carlo Cardazzo, Galleria del Naviglio, Milan.
1956 Publie le texte *La visibilité de la création transautomatique* dans « Cimaises » et « Phases » à Paris.
1958 Donne lecture du *Manifeste de la moisissure contre le rationalisme en architecture.*
1959 Fonde le *Pintorarium*, une académie universelle de toutes les tendances créatrices, avec Ernst Fuchs et Arnulf Rainer. Professeur invité à l'Académie des Beaux-Arts de Hambourg, il trace sa *Ligne sans fin* avec Bazon Brock et Schuldt.
1962 Peint dans un atelier sur la Giudecca, à Venise. Grand succès d'une rétrospective à la Biennale de Venise.
1964 Grande rétrospective à la Kestner-Gesellschaft, Hanovre, accompagnée d'un catalogue raisonné.
1967 Discours nu à Munich pour le *Droit à la Troisième Peau.*
1968–1972 Transforme à Venise son bateau le « San Guiseppe T » qui devient le « Regentag ».
1969 Expositions dans plusieurs musées des USA.
1971 Vit et travaille sur le « Regentag » dans la lagune de Venise. Travaille à l'affiche pour les Jeux Olympiques de Munich à Lengmoos.
1970–1972 Collabore avec Peter Schamoni sur le film *Hundertwasser-Regentag.* Travaille au portfolio « Regentag » à l'imprimerie Dietz à Lengmoos, Bavière.
1972 Amitié avec Joram Harel. Manifeste pour le boisement et l'agencement individuel des façades dans l'émission télévisée « Wünsch Dir was ». Publie le manifeste *Ton droit à la fenêtre – Ton devoir envers l'arbre.*
1973 Premier portfolio de gravures sur bois japonaises, *Nana Hyaku Mizu.* Il est le premier peintre européen dont les œuvres sont sculptées par des maîtres japonais. Participe à la Triennale de Milan. Exposition itinérante en Nouvelle-Zélande.
1975 Exposition à la Haus der Kunst de Munich. Manifeste *Humus-Toilette* à Munich. Conçoit un timbre-poste, *l'arbre spirale*, qui inaugure la série *Art moderne en Autriche.* Tous les timbres sont gravés par Wolfgang Seidel. Commence au Musée d'Art Moderne de la Ville de Paris une exposition itinérante qui sera montrée jusqu'en 1983 dans 27 pays et 40 musées. Montrée d'abord à l'Albertina de Vienne, l'intégralité de son œuvre graphique voyage ensuite jusqu'en 1992 à travers 15 pays et plus de 80 musées et galeries. Il traverse l'Atlantique sur le « Regentag » et navigue sur le Pacifique via les Caraïbes et le canal de Panama.
1978 Conçoit à Venise le *Drapeau de la Paix pour la Terre sainte* avec un croissant arabe vert et une étoile de David bleue sur fond blanc. Publie le *Manifeste de la Paix.*
1979 L'imprimerie nationale autrichienne imprime trois timbres pour la République du Sénégal et un pour la République du Cap-Vert d'après ses plans. Lit le manifeste *La Sainte Merde* à Pfäffikon, sur le lac de Zurich. L'exposition itinérante Hundertwasser is Painting, qui compte 40 œuvres nouvelles, est montrée d'abord à New York, puis à Tokyo, Hambourg, Oslo, Paris, Londres et Vienne.
1980 Parle d'écologie, s'élève contre l'énergie nucléaire et plaide pour une architecture plus respectueuse de l'homme et de la nature devant le Sénat américain. « Hundertwasser Day » à Washington D.C., plantation d'arbres sur le Judiciary Square.
1981 Nommé à l'Académie des Beaux-Arts de Vienne. Rédige les « Directives pour la classe de maîtrise Hundertwasser ».
1982 Semaine Hundertwasser à San Francisco à l'occasion de la remise des deux affiches *Save the Whales* et *Save the Seas* à Greenpeace et à la Société Jacques Cousteau.
1983 Conçoit six timbres pour les Nations Unies. Travaille à Spinea sur 860 *Homo Humus How Do You Do* en 10 002 versions différentes. Conçoit pour la Nouvelle-Zélande le drapeau-korou.
1984 Participe activement aux actions pour la sauvegarde des marécages de Hainburg.
1985 Début de la collaboration avec l'architecte Peter Pelikan. Travaille sur le chantier de la maison Hundertwasser à Vienne.
1986 Conçoit *Uluru, Down-under flag* pour l'Australie. Design de l'encyclopédie Brockhaus. 70 000 visiteurs à la « journée portes ouvertes ».
1987 Réaménage l'église Ste Barbara à Bärnbach, Styrie. Plans de la halte-garderie de Francfort-Heddernheim.
1988 Nouveau design pour les numéros d'immatriculation autrichiens. Intervient pour le maintien des plaques noires.
1989 Construit sa maquette *Pays de collines et de prairies.*
1990 Travaille à des réalisations architecturales : Kunsthaus, Vienne; restoroute, Bad Fischau ; établissements de chauffage urbain Spittelau, Vienne ; In den Wiesen, Bad Soden, RFA ; village centre commercial, Vienne ; usine textile Muntlix, Voralberg ; chai, Napa Valley, Californie.
1991 Ouverture de la Kunsthaus, Vienne. Travaille à des projets d'architecture : cour intérieure de l'ensemble d'habitation de Plochingen, RFA ; village thermal de Blumau, Styrie, *le pays de collines et de forêts.*
1992 Construit pour TBS le monument Countdown 21th Century, Tokyo.
1993 Manifeste contre l'entrée de l'Autriche dans l'Union Européenne.
1995 Design de la Bible Hundertwasser.
1996 Inauguration à Vienne du bateau amarré sur le Danube « MS Vindobona », qu'il a réaménagé pour la DDSG.
1997 Esquisses de projets architecturaux : spirale forestière de Darmstadt, Hohe-Haine Dresde, RFA ; incinérateur de déchets MOP, Osaka, Japon ; lycée Martin Luther, Wittenberg ; marché couvert, Altenrhein, Suisse.
1998 Rétrospective à l'Institut Mathildenhöhe, Darmsadt, et au Japon. Projet architectural : station de pompage, Sakishima Island, Osaka. Travaille au portfolio *La Giudecca Colorata.*
1999 Vit et peint en Nouvelle-Zélande. Projets d'architecture : Sludge Center, Osaka ; *La citadelle verte de Magdeburg* et la gare d'Uelzen, RFA. Collabore à la transformation des *Kawasaka Public Toilet*, Nouvelle-Zélande. Maquette du nouveau catalogue raisonné, en un seul volume au lieu de deux.
2000 Rédige pour le catalogue de nombreux commentaires de ses œuvres. Travaille à des projets d'architecture pour Teneriffa et Dillingen/Sarre, RFA. Il meurt d'une crise cardiaque le samedi 19 février à bord du Queen Elizabeth II, en plein Océan Pacifique. Enterré dans sa campagne néo-zélandaise, dans le « jardin des morts bienheureux », il repose, en harmonie avec la nature, sous un tulipier.

1928 Friedrich Stowasser nace el 15 de diciembre en Viena.
1938 Después de la anexión, se traslada a Obere Donaustrasse, con su tía y su abuela.
1943 Deportación y muerte de 69 familiares judíos.
1948 Examen de madurez. Tres meses en la Academia de Artes Plásticas de Viena.
1949 Toma el nombre de Hundertwasser. Viajes; desarrolla un estilo propio. En Florencia conoce a René Brô, al que sigue a París.
1952 Primera exposición en el Art Club de Viena.
1953 Pinta la primera espiral.
1954 Primera exposición en París, en la galería de Paul Facchetti. Desarrolla la teoría del «transautomatismo» y comienza a numerar sus cuadros.
1955 Exposición en la Galleria del Naviglio de Carlo Cardazzo (Milán).
1956 Publica «La visibilidad de la creación transautomática» en «Cimaises» y «Fases» en París.
1958 Lee el «Manifiesto del Enmohecimiento contra el racionalismo en la arquitectura».
1959 Fundación del «Pintorarium» –academia universal de todas las tendencias creativas– con Ernst Fuchs y Arnulf Rainer. Profesor invitado en la Escuela Superior de Artes Plásticas de Hamburgo, donde traza –con Bazon Brock y Schuldt– la «línea interminable».
1962 Pinta en un estudio de la Giudecca (Venecia). Gran éxito de la retrospectiva en la Bienal de Venecia.
1964 Gran retrospectiva en la Sociedad Kestner de Hannover, con catálogo.
1967 Discurso al desnudo en Múnich en pro del «Derecho a la tercera piel».
1968–1972 Transformación del velero «San Giuseppe T» en «Regentag» («día de lluvia») en Venecia.
1969 Exposiciones en Estados Unidos.
1971 Vive a bordo de «Regentag» en la laguna de Venecia. Trabaja en el «Póster olímpico» para Múnich.
1970–1972 Colaboración con Peter Schamoni para el film «Hundertwasser-Regentag». Trabaja en el álbum «Regentag» en Dietz-Offizin de Lengmoos (Baviera).
1972 Amistad con Joram Harel. Interviene en televisión a favor de techos cubiertos de vegetación y diseño individual de fachadas. Publica el Manifiesto «Tu derecho a la ventana, tu deber al árbol».
1973 Primer álbum de litografías japonesas «Nana hyaku mizu». Hundertwasser es el primer europeo cuyas obran son grabadas por maestros japoneses. Participa en la Trienal de Milán. Exposición itinerante en Nueva Zelanda.
1975 Exposición en Haus der Kunst (Múnich). Manifiesto «El aseo del humus» en Múnich. Diseña un sello de correos para Austria: «árbol espiral», primero de la serie «Arte moderno en Austria». Todos los sellos los graba Wolfgang Seidel. Exposición itinerante, desde el Museé d'art moderne de la Ville de Paris, en 27 países y 40 museos (hasta 1983). Exposición itinerante de obra gráfica desde el Albertina de Viena a 15 países y 80 museos y galerías (hasta 1992). Cruza el Atlántico con el «Regentag»; pasa al Pacífico.
1978 Diseña en Venecia la «bandera de la paz para Tierra Santa», con la media luna verde árabe y la estrella de David en azul, sobre fondo blanco. Publica el «Manifiesto de la Paz».
1979 Diseña tres sellos de correos para la República del Senegal y una serie para la República de Cabo Verde. Lee el Manifiesto «La santa mierda», en Pfäffikon (Lago de Zúrich). Exposición «Hundertwasser is Painting», con 40 nuevas obras, en Nueva York, Tokio, Hamburgo, Oslo, París, Londres y Viena.
1980 Habla ante el Senado de Estados Unidos, en favor de la ecología, contra la energía atómica y por una arquitectura más respetuosa con la naturaleza y con el hombre. «Hundertwasser Day» en Washington, D.C.; planta árboles en Judiciary Square.
1981 Profesor de la Academia de Bellas Artes de Viena. Redacta los «Estatutos para la Escuela Hundertwasser».
1982 Semana de Hundertwasser en San Francisco; entrega los carteles «Salvad las ballenas» y «Salvad los mares» a Greenpeace y a la Fundación Jacques Cousteau.
1983 Diseña sellos de correos para las Naciones Unidas. Trabaja en Spinea, en 860 *Homo Humus How Do You Do*, en 10.002 versiones diferentes. Diseña la «Bandera Koru» para Nueva Zelanda.
1984 Participa en las acciones para salvar las marismas de Hainburg.
1985 Comienza a colaborar con el arquitecto Peter Pelikan. Trabaja en la Hundertwasser-Haus en Viena.
1986 Diseña la «Bandera Uluru» para Australia. Diseño de las cubiertas de la enciclopedia Brockhaus. 70.000 visitantes en el día de puertas abiertas de la Casa Hundertwasser.
1987 Rediseña la Iglesia de Santa Bárbara en Bärnbach (Estiria). Proyecto de la guardería infantil Heddernheim (Frankfurt).
1988 Proyecto para las nuevas matrículas de automóvil de Austria, para conservar el fondo negro.
1989 Construye la maqueta para «campo de colinas y prados».
1990 Proyectos arquitectónicos: KunstHaus-Wien; Restaurante de carretera en Bad Fischau; central térmica de Viena, en Spittelau; «In den Wiesen» («En los prados»), Bad Soden (Alemania); Centro Comercial Village (Viena); Fábrica textil Muntlix (Vorarlberg); Winery Napa Valley (California).
1991 Inauguración de la KunstHausWien. Proyectos de arquitectura: interior del área residencial de Plochingen (Alemania); Centro Termal de Blumau (Estiria), el «Bosque de colinas».
1992 Monumento de la cuenta atrás del siglo XXI para TBS (Tokio).
1993 Manifiesto y acciones contra la adhesión de Austria a la Unión Europea.
1995 Biblia ilustrada por Hundertwasser.
1996 Se fleta en Viena el barco del Danubio «MS Vindobona», remodelado por Hundertwasser para DDSG.
1997 Proyectos de arquitectura: la espiral-bosque en Darmstadt, «casa de las praderas altas» en Dresde (Alemania); planta de incineración de basuras para Osaka (Japón); Martin-Luther-Gymnasium de Wittenberg; Mercado de Altenrhein (Suiza).
1998 Retrospectiva en el Institut Mathildenhöhe (Darmstadt) y en Japón. Diseño arquitectónico: estación de bombeo en Sakishima Island (Osaka). Trabaja en el álbum «La Giudecca Colorata».
1999 Hundertwasser vive y pinta en Nueva Zelanda. Proyectos arquitectónicos: Sludge Center (Osaka); «La ciudadela verde de Magdeburgo» y la Estación de Uelzen (Alemania). Colabora en la construcción de la «Kawakawa Public Toilet» en Nueva Zelanda. Diseña la Maquetación para el catálogo razonado y las cubiertas del catálogo de dos volúmenes.
2000 Redacta comentarios sobre muchas de sus obras para el catálogo. Trabaja en proyectos arquitectónicos para Tenerife y Dillingen del Sarre (Alemania). Hundertwasser muere, de un ataque al corazón, el sábado 19 de febrero, en el Océano Pacífico, a borde del Queen Elizabeth II. Es enterrado en Nueva Zelanda, en el «jardín de los muertos felices», en armonía con la naturaleza, bajo un árbol de tulipán.